平凡社新書
391

〈負け組〉の戦国史

鈴木眞哉
Suzuki Masaya

HEIBONSHA

〈負け組〉の戦国史●目次

第五章　〈負け組〉はどうなったか

旧国名

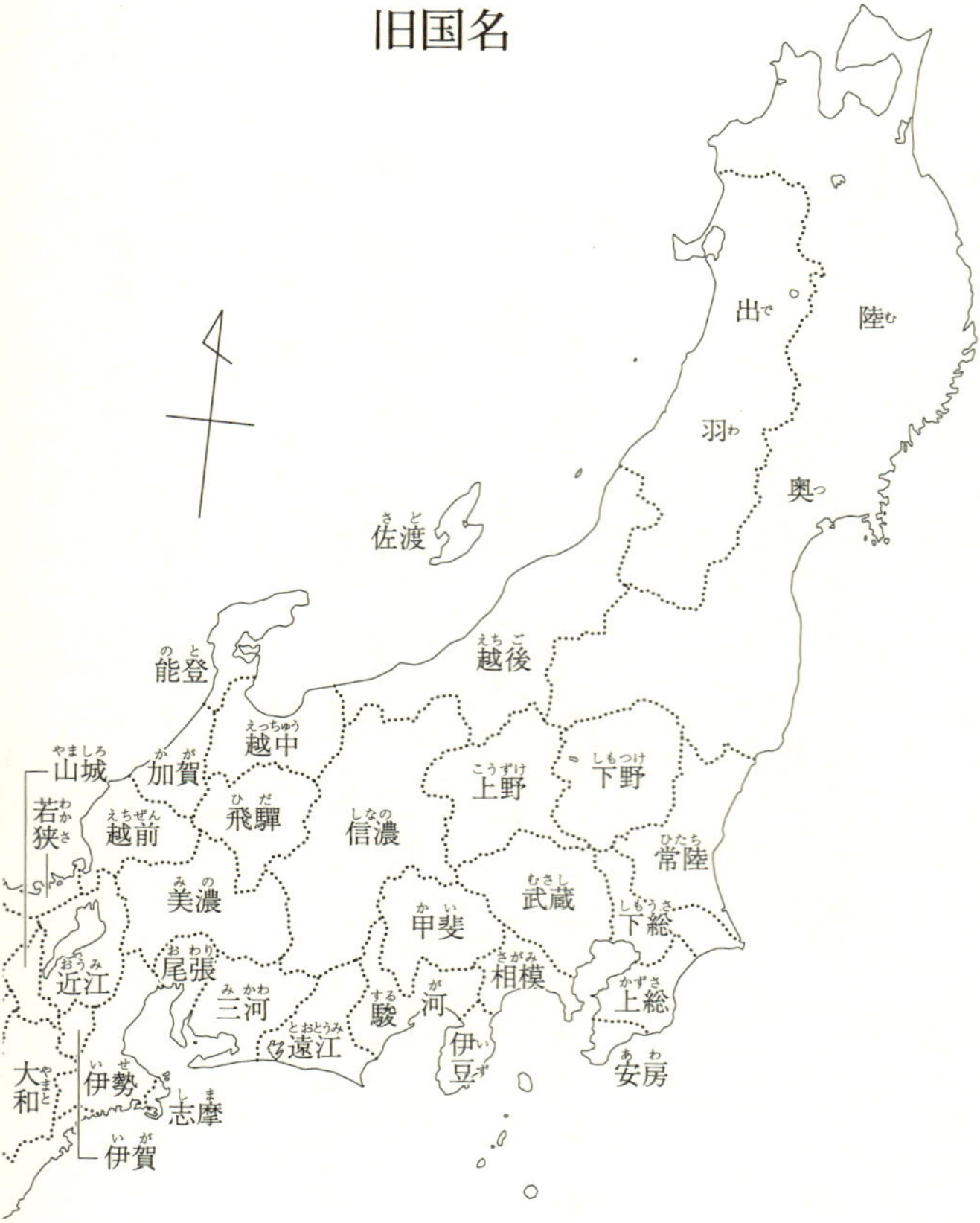

出《で》
羽《わ》
陸《む》
奥《つ》
佐渡《さど》
越後《えちご》
能登《のと》
越中《えっちゅう》
山城《やましろ》
加賀《かが》
上野《こうずけ》
下野《しもつけ》
若《わか》
狭《さ》
越前《えちぜん》
飛驒《ひだ》
信濃《しなの》
常陸《ひたち》
美濃《みの》
武蔵《むさし》
甲斐《かい》
下総《しもうさ》
近江《おうみ》
尾張《おわり》
相模《さがみ》
三河《みかわ》
駿《する》
河《が》
上総《かずさ》
遠江《とおとうみ》
伊《い》
豆《ず》
大和《やまと》
伊勢《いせ》
志摩《しま》
安房《あわ》
伊賀《いが》

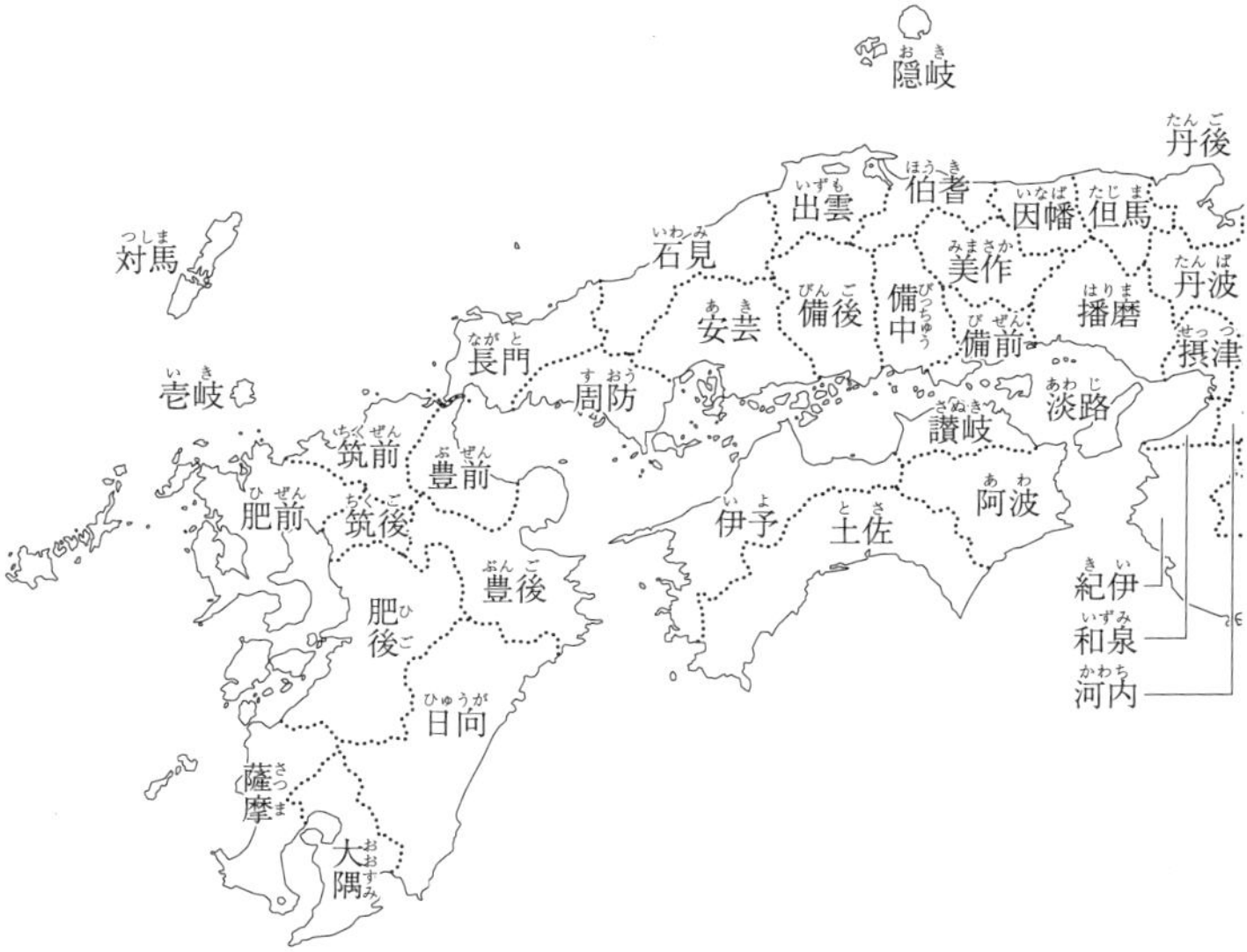
隠岐《おき》
丹後《たんご》
出雲《いずも》
伯耆《ほうき》
因幡《いなば》
但馬《たじま》
対馬《つしま》
石見《いわみ》
美作《みまさか》
丹波《たんば》
安芸《あき》
備後《びんご》
備中《びっちゅう》
備前《びぜん》
播磨《はりま》
長門《ながと》
摂津《せっつ》
壱岐《いき》
周防《すおう》
淡路《あわじ》
讃岐《さぬき》
筑前《ちくぜん》
豊前《ぶぜん》
阿波《あわ》
肥前《ひぜん》
筑後《ちくご》
伊予《いよ》
土佐《とさ》
豊後《ぶんご》
肥後《ひご》
紀伊《きい》
和泉《いずみ》
河内《かわち》
日向《ひゅうが》
薩摩《さつま》
大隅《おおすみ》

プロローグ——戦国の〈勝ち組〉と〈負け組〉

戦国の世と敗者

最近、〈勝ち組〉〈負け組〉といった言葉を目や耳にすることが多い。それが社会における競争の中から生まれた勝者や敗者を意味しているのだとしたら、いつの時代にもあったことで、別に珍しい話ではない。戦国時代も、もちろん例外ではない。

戦国時代というのは、教科書風にいえば、応仁《おうにん》の乱（一四六七～七七）以後、一世紀にわたって全国に大名が割拠《かっきょ》して激しく争った時代である。一般人の感覚としても、戦乱が日常化して、果てしもなく続いていた激動の時代というようにとらえられている。他の時代にも増して競争に敗れた者の数は多かったであろうことは、容易に想像できる。

ただ、今日流の〈勝ち組〉〈負け組〉の考え方を、そのまま戦国時代に当てはめることは適当ではない。今日いうところの〈勝ち組〉〈負け組〉は、金儲《かねもう》け競争の過程から生まれた経済的な勝者であり、敗者である。だが、戦国時代の勝者、敗者の圧倒的多数は、軍事的あるいは政治的な争いの結果、決まったものである。社会的な存在としてどうこういわれる以前に、命を落としてしまった敗者も少なくない。

苛烈な競争があったといっても、中身はかなり違っていることは明らかであろう。本書では、そうした軍事的あるいは政治的な意味での勝者、敗者を指して、〈勝ち組〉〈負け組〉と表現することとしたい。

ところで、戦国時代を苛烈な競争の時代と見ることについては、強烈な異論もある。例のイザヤ・ベンダサン氏などは、百年戦乱が続いたというが、あの程度のことなら、中東三千年の歴史のうち、比較的平穏だった時代の様相に過ぎないといっている（『日本人とユダヤ人』）。

相対的には、そのとおりかもしれないが、安全であるのは当たり前として生きてきたとベンダサン氏自身が評する日本民族にとっては、戦乱が日常的に続いたというのは、きわめて異常な時期であった。しかも、それは百年どころか、もっと長く続いている。

戦国時代を百年と見るのは、応仁の乱を起点として、永禄《えいろく》十一年（一五六八）の織田信長の上洛ないし天正《てんしょう》元年（一五七三）の将軍・足利義昭《よしあき》の追放をもって終点とする考え方によるものである。しかし、応仁の乱までは諸国は平穏無事だったわけではないし、信長の上洛あるいは義昭の追放以後は、天下は静謐《せいひつ》に帰したというものでもない。

戦国の世が完全に固まったのは、やはり元和《げんな》元年（一六一五）の大坂落城の時点と見るべきだろう。江戸の昔から、この事件が「元和偃武《えんぶ》」（偃武＝武器を伏せる＝戦乱が終わる）と呼ばれていたのも理由のあることであって、戦国時代は、実質的には百五十年以上続いたといえる。

その間、個人にしろ、その属する家や集団にしろ、浮沈が激しかったのは当然だが、その出発点とされる応仁の乱について、大正十年（一九二一）に内藤湖南《こなん》氏が行った講演（「応仁の乱について」）がある。氏は独学で東洋史学の基礎を築いた人だが、中国についての広く深い知見を踏まえて、日本史あるいは日本文化史についても鋭い洞察を残したことでも知られている。

その湖南氏にいわせると、今日の日本を知るために、わが国の歴史を研究しようというならば、応仁の乱以後をやっていれば十分であるという。なぜなら、応仁の乱こそは徹底した「日本全体の身代の入れ替わり」であり、「その以前にあった多数の家はほとんどことごとく潰れて、それから以後今日まで継続している家はことごとく新しく起こった家」だからである。こうした徹底した「改造」ともいえるこの乱を境にして古い日本は消滅し、それより以降が「われわれの身体骨肉に直接触れた歴史」にほかならないというのが氏の主張である。

〈勝ち組〉から見た線引き

古い家はほとんど潰れてしまったという湖南先生の主張は、いささか極論に過ぎようが、応仁の乱とそれに続く戦乱の中で消えてしまった家は、たしかに多い。支配層に属して名家名門とされるような家も、少なからず没落している。それまで〈勝ち組〉の座にいた者が一転して〈負け組〉となったという構図である。

それではこうした家を引き倒した連中は、そのまま取って代わって〈勝ち組〉となれたのか、なれたとしても、ずっとその位置を維持できたのかとなると、これはまた微妙である。新興の〈勝ち組〉がたちまち〈負け組〉に転落したというようなケースも決して珍しくないのである。

もっとも、〈負け組〉の態様はさまざまであり、その線引きは意外に難しいところがある。むしろ、〈勝ち組〉のほうがまだわかりやすいともいえる。〈負け組〉の定義をする前に、〈勝ち組〉とはなにかを考えてみるのが早道かもしれない。なお、あらかじめお断りしておくと、本書で扱うのは、主に武士たちを中心とした世界の話である。それ以外の世界、たとえば芸術の世界などは、余り関係がない。

その意味では、勝者の最たるものとして〈勝ち組〉の頂点にいるのが、天下を取った人間であることは、異論のないところであろう。天下人《てんかびと》と呼ばれるような人たちと、それに従って地位や権益を得た者たちが〈勝ち組〉グループを構成しているという図式である。〈勝ち組〉の歴史をたどってみると、戦国時代が開始された時点では、足利将軍家が天下人の位置にいたことは間違いない。ただし、その実力はすでに失われていて、その天下人性はきわめて形式的なものであったことは、誰もが認めているとおりである。

実際にも、下剋上《げこくじょう》といった現象が起きて、実権は次第に下位の者の手に移り、陪臣《ばいしん》（大名の家来）である三好長慶《みよしながよし》が「天下主」（「当代記」）とか「天下執権《しっけん》」（『信長公記』）とか見られるようなことになった。さしたる家格もない者がのし上がる傾向は、鎌倉時代から見られたし、南北朝時代には、ことに顕著になったが、それでも長慶程度の格の人間が天下人とされるには、戦国時代の進展を待たねばならなかったのである。

長慶の死後、その天下は、彼の遺臣である松永久秀や三好三人衆に委ねられたから、さらに格下の手に移ったことになる。そこへ現れたのが織田信長である。永禄十一年、三年前に松永らに暗殺された十三代将軍・足利義輝《よしてる》の弟・義昭をかついで上洛し、傀儡《かいらい》として押し立てられていた十四代将軍・足利義栄《よしひで》と三好三人衆を追い払い、松永を降伏させた。この信長も、家の格からいえば、三人衆などと変わらない人間であった。

これによって義昭が十五代将軍の座に就いたが、実権は信長が握っていたに相違なく、別の傀儡が立てられたまでのことである。それを不服として争った義昭は、天正元年に追放されてしまう。学界では、この信長の上洛あるいは足利義昭の追放をもって戦国時代は終わったとしているが、必ずしも、そうは考えられないことは、すでにいったとおりである。なお、足利将軍家は、一応、日本全国の支配者というのが建前であったが、それを追い出した信長は、京都を中心とする日本の中央部を押さえていたに過ぎない。

実は、それが当時の人のいう「天下」というもので、それを押さえれば一応、天下人なのである。三好長慶も、そうした意味での天下人であった。宣教師などは、この「天下」を「日本王国」とも呼んでいる。「日本王国の主」となった信長は、いずれ「全日本国の主」となるだろうというのが、彼らの予測だったが、これは当時の多くの人たちの観察でもあっただろう。だが、信長は日本全土を制覇することなく死んでしまった。

信長に代わって「全日本国の主」となったのは豊臣秀吉であって、これは文字どおりの天下人である。だが、彼の政権も二代とは保つことができず、徳川家康に取って代わられた。元和元年、家康が大坂城に拠る豊臣家を滅ぼしたことによって、戦国の天下は完全に固まった。その結果、将軍である徳川宗家が頂点に座り、多くの大名、旗本などがこれに従う形で究極の〈勝ち組〉グループが結成されるが、その枠組みから外れた者が最終的な

〈負け組〉となった。

〈負け組〉の態様

〈勝ち組〉の最たるものが天下を取った者であるならば、〈負け組〉の典型は、天下を失った者ということになるだろう。具体的にいえば、足利将軍家、三好三人衆と松永久秀、豊臣秀吉の息子の秀頼などがそれに当たる。普通なら受け継ぐことができたはずの天下を継承しそこねたという意味で、織田信長の息子たちなども、この中に入るだろう。

こうした人たちに従っていて没落した者も、当然、〈負け組〉の仲間に入る。ただ、これらの人たちは、上下ともに、それまでは〈勝ち組〉であったことに注意しておくべきかもしれない。〈負け組〉は、必ずしも最初から〈負け組〉だったわけではない。

これら以外にも、戦国の世に〈負け組〉となった者は、すこぶる多いが、その中身は簡単にひと括《くく》りにできるものではない。大きく分ければ、天下の争奪に関わって敗れた者とそれとは関係なく敗れた者となるだろうが、前者の中身も一様ではない。これをさらに分ければ、積極的に天下争いに関わって敗れた者とそうではない者がいる。

天下の争奪に関わって敗北した人間には、元〈勝ち組〉だった者がきわめて多い。たとえば明智光秀や柴田勝家は、織田政権内部にいた人たちである。「天下分け目」の代名詞である関ヶ原は、石田三成以下多数の〈負け組〉を生んだが、これも豊臣政権内部で〈勝ち組〉同士が権力を争った結果にほかならない。

これに対して、政権の外から天下に手をかけようとして敗死したというようなケースは意外に少ない。今川義元などは、その典型のように考えられているが、これは誤りである。彼の不慮の死は上洛の途上ではなく、単に隣国との国境紛争の過程で起きたことに過ぎない。武田信玄あるいは上杉謙信も上洛を志して果たさなかったといわれるが、そうであったとしても、彼ら自身は敗者となったわけではない。

信玄も謙信も、織田信長を敵として戦った。その結果、信玄の家は、息子の勝頼のときに滅んだし、謙信の家も養子の景勝があわや滅亡かというところまで追い詰められた。だが、勝頼にしろ、景勝にしろ、天下を望んだから信長と戦ったのか、さしあたり自家の勢力の維持・拡大を考えていただけなのか、それはよくわからない。

天下人になることなど望んでいなかったにもかかわらず、天下一統の過程で潰された者もきわめて多い。信長と戦って滅んだ朝倉義景《あさくらよしかげ》などは、天下を争う気などさらさらなかったのに、成り行き上、信長と争わざるをえなくなったまでである。秀吉の天下取りの過程で潰された関東の北条家なども同じ口である。自分たちは天下に志《こころざし》があったわけでもないのに、素直に秀吉に従おうとしなかったため、排除されてしまったのである。

こうした巻き込まれ組やとばっちり組は、ほかにもいくらも見出せる。そうかと思えば、紀州の雑賀《さいか》衆・根来《ねごろ》衆などのように、天下を取るためというより、天下一統という中央集権化を嫌って、積極的に抵抗したのではないかと思えるケースもある。

このように、直接間接、天下一統に関わったため〈負け組〉となった者は、たしかに多いが、そんなこととは無関係に敗退した者は、もっと多いかもしれない。この時代、どの戦国大名もひたすら「都に旗を立てる」ために動いていたように考えたがる人が多いが、比率的にいえば、そんなことを考えなかった大名のほうが圧倒的に多かった。

戦国時代を、甲子園の全国大会をめざして津々浦々で予選会が開かれる高校野球のような図式で考えるのは、根拠のない思い込みから生まれた誤解に過ぎない。地域限定の闘争の中で敗者となった者は、枚挙に暇《いとま》がないほどいる。今川義元なども、その一人である。

本書は、こうした戦国の〈負け組〉の実態をさまざまな切り口から眺めてみようというものである。構成としては、まず〈負け組〉にはどのような人（や集団）がいたのか、彼らは、どういう経緯によってそうなったのかを、天下を失った人たちから始めて、できるだけ広い範囲で、客観的に観察したい。

こうして〈負け組〉のあらましをとりあえず押さえたならば、次は、彼らの負け方に共通のパターンのようなものがあったのかどうかを考えてみたい。ことに、これまで広く通用してきた、彼らはいずれも負けるべくして負けたのだといった見方が、本当に成り立つものかどうかを具体例によって検証しておきたい。さらに、彼ら〈負け組〉の行方についても見ておきたい。

第一章　天下を失った面々

足利将軍家

足利家の政権である足利幕府（室町幕府）は、天正《てんしょう》元年（一五七三）に十五代将軍・足利義昭《よしあき》（一五三七〜九七）が織田信長に追放されたときをもって終焉《しゅうえん》を迎えたと一般に考えられている。しかし、これは二重の意味で誤った見方だといえる。

一つは形式上の問題で、義昭は追放後もずっと征夷大将軍《せいいたいしょうぐん》であり続け、彼の〈幕府〉も存続していたからである。もう一つは実質的な問題で、プロローグでも触れたように、彼が追放された時点では、足利幕府はとっくに〈死に体〉となっていたからである。

足利尊氏（一三〇五〜五八）によって始められたこの家の政権は、最初から多くの問題を抱えていた。大きなものをいくつか挙げると、まず天皇家の分裂抗争を背景として生まれた政権だったということがある。

もう少し詳しくいうと、当時、天皇家は大覚寺《だいかくじ》統と持明院《じみょういん》統の二派に分かれて争っていた。鎌倉幕府の有力な御家人であった尊氏は、離反して大覚寺統の後醍醐《ごだいご》天皇のために働き、倒幕に大きな役割を果したが、やがて後醍醐と対立せざるをえなくなった。そこで彼は持明院統の天皇をかつぐ形で自身の政権を立てた。

ここから南北の朝廷が並立する南北朝時代が始まる。京都にいる持明院統系の朝廷が北朝であり、大和の山中に立て籠もった大覚寺統系の朝廷が南朝である。勢力比からいえば、足利幕府を実質的なオーナーとする北朝のほうがはるかに強大であったが、そうはいっても、もう一人の天皇がいて正統性を主張し、それなりの支持を集めているのだから厄介である。足利幕府は、なかなか日本全土を支配することができなかった。

政権の内部に、幕府に対抗できるような強力な守護《しゅご》大名が何人もいたことも大きな問題であった。そのため、足利家は、〈同輩者中の首席〉のような位置に立たざるをえず、政権は容易に安定しなかった。また、幕府が〈支庁〉のようなものを置いて、東国を管轄させようとしたことも禍根《かこん》となった。そこの長に座った足利一族の者の中には、あわよくば宗家に取って代わろうという者もいて、しばしばトラブルとなったからである。

これらのうち、南北両朝の対立の問題は、尊氏の孫の三代将軍義満《よしみつ》のときに、北朝が南朝を〈吸収合併〉する形で解決した。強力な守護大名に対しても、義満が荒療治をやって、そのいくつかを潰したため、かなりのところまで解消された。東国の問題は、ずっと尾を引いたが、六代将軍義教《よしのり》の代にやっと決着がついた。

これで足利家の政権は確固たるものとなったかというと、そういうわけではない。義教は配下の大名に暗殺され、八歳の息子・義勝が跡を継ぐが、十歳で死んでしまう。その跡は、義勝の弟・義政が八歳で家督を相続し、六年後に征夷大将軍となる。

この八代義政のときに、一般に戦国時代の開始と見られている応仁《おうにん》の乱（一四六七〜七七）が始まる。この頃には、将軍自体はまったく無力化していて、義政より後の将軍たちは、いずれも幕府の有力者の都合でかつがれた者たちばかりである。それでも足利家が将軍職を保ち続けていたのは、有力者側にもいろいろ事情があって、他の家が取って代わるわけにはいかなかったからに過ぎない。

そのうち管領《かんれい》・細川政元（一四六六〜一五〇七）は、十代将軍義稙《よしたね》を廃して十一代に義澄を立て、完全に幕府の実権を握った。当時も今も誰もそう呼ぶ人はいないが、実質的には天下人である。その後、陪臣《ばいしん》（大名の家来）である三好長慶《みよしながよし》（一五二二〜六四）も十三代将軍義輝《よしてる》を都から追い出したりしたが、その長慶が「天下主」「天下執権《しっけん》」と見られたことは、プロローグで触れたとおりである。

このように、下剋上《げこくじょう》という形で「上」を圧倒した「下」であるが、自己の政権を維持するためには、やはり将軍という「上」を立てておかねばならなかった。十四代将軍義栄《よしひで》と彼をかつぐ長慶の遺臣たちを追い出した織田信長も例外ではない。信長がいかほど有能な人間であったとしても、足利義昭という将軍候補者をかつがなかったら、上洛などありえなかったし、まして天下人《てんかびと》への道など開けるものではなかった。

そういうこともあってか、最後の将軍となった義昭は、将軍であることにとことんこだわり続けた。彼は、天正元年挙兵して信長と争ったが、敗れて追放された。そのときは、いったん紀州に落ち着いたが、在地の土豪たちに復権への協力を呼びかけている。その後、中国の毛利家に身を寄せるが、備後《びんご》の鞆《とも》に〈幕府〉を構えて、反信長勢力の結集を図るべく、諸方に檄《げき》をとばし続けた。

こういう義昭の姿勢から、本能寺の変は、実は義昭が黒幕となって仕掛けたものだったと主張する人が何人もいる。それらの説のあるものは、NHKの歴史番組でも大きく取り上げられたことがあるから、ご存じの方も多いだろう。

こうした説が事実なら、明智光秀を代打に立てて、逆転ホームランを打たせたようなものだが、残念ながら、すべて事実無根の妄論である。詳しくは、私と藤本正行氏の共著『信長は謀略で殺されたのか』（洋泉社新書y　平成一八年）をご覧いただきたい。ついでにいえば、足利義昭に限らず、光秀には黒幕が付いていたとか、共犯者がいたとかいうような説は、すべて誤りである。そのことも、その本の中で具体的に述べている。

義昭がやっと諦めたのは、豊臣秀吉の天下一統がほぼ確実になった頃である。彼は、秀吉の傘下に入って出家し、一万石の捨《す》て扶持《ぶち》を受けることとなった。もっとも、それに先立って征夷大将軍になりたかった秀吉が、猶子《ゆうし》（義子）にして欲しいといってきたときには、さすがに拒否したようである。その程度の誇りは残っていたらしい。

彼は、同年齢だった秀吉より、ちょうど一年早く病死した。実子が一人あるいは三人いたというが、いずれにせよ出家していたようである。そのためか義昭の受けていた一万石を受け継ぐ者もなく、その後、彼の系統がどうなったかもよくわからない。

三好三人衆と松永久秀

足利幕府の実権は、すでに触れたように、一度、細川政元の手に移っている。だが、彼の〈天下〉はすんなり子孫に伝えられたわけではない。実子のいなかった政元は、複数の養子を立てたが、これがもともと火種を抱えていた近臣たちの内争を助長することとなり、そのあおりで政元本人も暗殺されてしまう。

それをきっかけに細川家内部の争いが激化し、嫡流《ちゃくりゅう》家も庶流《しょりゅう》家も衰えた。その結果、細川家の家臣であった三好長慶が台頭して、幕府の実権を掌握してしまうようなことになった。そこに至るまでの過程は複雑で、簡単には説明できないが、注意すべきは、足利家の政権が一応「全日本国の主」という体裁をとっていたのに対して、長慶の政権は、「日本王国の主」であるにとどまったことだろう。

長慶は最盛期には、近畿、四国などにまたがって十ヶ国近くを支配した。当時、日本の中心部を指して「天下」と称したことは、すでにいったとおりで、長慶が天下人と見られたのはそのためである。ちなみに、武田家の史料『甲陽軍鑑《こうようぐんかん》』は、三好家について、戦国の真っ最中に畿内を中心とする七、八国を二代にわたって支配したのは、太平の世に日本全国を三代支配するよりも、よほど大した手柄だと褒めている。

もっとも、『甲陽軍鑑』は二代というが、三好長慶が病死したとき、跡継ぎの実子は、すでに死んでいたので、甥の義継《よしつぐ》が家督となった。この人は若年だったようであるし、余り優秀でもなかったらしく、長慶の政権は、三好三人衆と呼ばれた三好長逸《ながゆき》・三好政康《まさやす》・石成《いわなり》友通と松永久秀の四人によって運営されることとなった。

三人衆と松永は、当初、結束して十三代将軍・足利義輝を襲殺し、義栄と差し替えたりしたが、やがて仲たがいした。これに三好義継がからんで、ややこしいことになったが、その過程は逐一追いきれないので、詳しい経緯は省略する。結果的には、三人衆も松永も織田信長に敗れて没落したが、彼らのかついだ足利義栄、三好義継も同様である。

ここでは、この人たちの行く末だけを見ておくが、永禄《えいろく》十一年（一五六八）九月、織田信長が足利義昭をかついで上洛してきたとき、三人衆と足利義栄は四国に逃亡し、松永久秀と三好義継は、さしあたり降伏した。その頃、すでに病んでいたという義栄は間もなく病死したが、三人衆はしきりに再チャレンジを試みている。

翌永禄十二年正月には、京都本圀寺《ほんこくじ》にいた足利義昭を急襲したが、もう少しのところで討ち洩らした。そのまた翌年の元亀《げんき》元年七月には、再び兵を集めて四国から摂津に渡り、そこに拠点を構えて義昭・信長に対抗した。彼らを討伐しようと信長が出て行ったことが本願寺の疑惑を招いて、いわゆる石山合戦の発端となった。本願寺勢力と前後十一年も取り組まねばならなかったことが、信長の天下取りプランを大きく狂わせる結果となった。

その後、三人衆はいったん義昭・信長側と和睦する。これですでに死んでしまった足利義栄は別として、旧三好政権を受け継いだ者たちは、すべて同一陣営に入ったことになるが、誰も終わりを全うすることはなかった。

三好長逸と政康は、ともに三好長慶の父親の従兄弟《いとこ》だったが、長逸の場合、天正元年以後の動静は不明である。信長に敗れて逃げ去ったともいわれるが、この年、足利義昭が信長にチャレンジして失敗したこととも関係しているのかもしれない。政康も信長に敗れたというが、後に豊臣秀吉・秀頼父子に仕え、大坂夏の陣(一六一五)のとき、八十八歳で戦死したという。道号を清海といったので、講釈師がそれを借りて、真田十勇士の一人「三好清海入道」という馬鹿力の豪傑をつくり出した。

石成友通は、足利義昭が反信長の旗を挙げたとき義昭側に付いたため信長勢に居城の山《やま》城淀《しろよど》城を攻められた。味方に裏切られて城から閉め出された石成は、城外で奮闘したあげく戦死した。河内《かわち》若江城にいた三好義継も、このとき敗れた義昭を匿《かくま》ったという理由で信長軍の攻撃を受けた。老臣に裏切り者が出たりして、義継は結局自殺した。

松永久秀は、信長上洛のとき、いったん屈服したが、武田信玄と結んでまた信長に対抗する。形勢不利となって降伏したが、天正五年（一五七七）八月、信長に背いて大和信貴《しぎ》山《さん》城に立て籠もった。今度は上杉謙信の動きを当てにしたらしいが、包囲されて十月落城、本人も自殺した。彼のことは、第四章の2で改めて述べる。

織田信長の息子たち

織田信長には、わかっているだけでも十一人の息子がいた。信長が天正十年（一五八二）六月の本能寺の変で突然死んでしまうようなことがなかったら、このうちの誰かが彼の天下を引き継ぐことになったであろう。

その際、もっとも有力なのは長男の信忠（一五五七〜八二）であるが、彼は天正三年十一月、すでに織田家の家督を譲られている。したがって、天下はすでに信忠のものだったという見方もあろうが、それは少し形式的に過ぎる。名前だけは社長になったが、会社の実権は会長職に退いた父親がしっかり握って離さなかったようなものである。

それでも、信忠が父親より長生きしていれば、信長の天下は、名実ともに彼のものとなったかもしれない。だが、信忠も父親と同じ日に二条御所で明智勢と戦って死んでしまった。このとき脱出をすすめた者もいたし、その可能性もなかったわけではないが、自分の判断で父に従って自殺する道を選んだのである。

この時点で成人に達して活動していた信長の息子には、信忠のほかに次男の信雄《のぶかつ》（一五五八～一六三〇）と三男の信孝（一五五八～八三）がいた。二人のうちのいずれかが信長の後継者となるというのが、常識的な判断である。その場合、順序や勢力からいえば信雄だが、彼は凡庸人であったから、人物的にもだいぶマシで、父親の弔《とむら》い合戦にも参加している信孝に落ち着くのではないかというのが、当時の人びとの予測であった。

そうなっては困ると考えたのが、主君の仇討ちを果たしたという〈実績〉を引っさげて跡目争いに割り込んできた羽柴秀吉である。彼は、信忠の遺児である三歳の幼児（後の秀信）を家督に推すという奇策に出て、これを通し、信孝を後見役とした。その一方で信雄が接近してくると、これを丸め込んで押し立て、信孝に対抗させようとした。

その信孝は、秀吉が〈天下人〉のように振舞い始めたのが我慢できなかったのだろう。織田家の重臣筆頭格の柴田勝家と結んで抵抗を試みたが、天正十年末、北国の柴田が雪で動けないでいる間に秀吉の攻撃を受けて敗れ、秀信も取り返された。秀吉は、信雄を擁して信孝と戦うというポーズを取ったが、今度は秀信を信雄に預け、信雄を織田家の実質的な家督のように扱った。

信孝は、翌天正十一年三月、再び挙兵したが、四月の賤ヶ岳《しずがたけ》の戦いで柴田が敗れて自殺してしまうと、翌月、彼もまた自殺に追い込まれた。信雄の命令という形であったが、実際には秀吉の差し金であったことは、当の信孝を含めて、誰もが知っていた。

一方、信雄は、これで名実ともに自分が天下人になれると思ったのかもしれないが、それは甘かった。秀吉に利用されているだけだと気づいた彼は、徳川家康と結んで秀吉と戦った。それが天正十二年の小牧の戦いであるが、秀吉側の思惑もあって曖昧《あいまい》な決着に終わった。総体的に見れば、信雄・家康側は、囲碁でいう「中押し」に似たような形でやられたようなものだが、秀吉と和解した信雄は、まだ大きな勢力を保っていた。

ところが、天正十八年（一五九〇）、小田原攻めによって秀吉が天下一統を完了した後、彼は突然追放されてしまう。一般には、秀吉の提示した国替え案を断ったからだといわれている。秀吉の真意についても、いろいろ解釈があるが、利用価値のなくなった信雄を〈厄介払い《やっかいばら》〉したかったということであろう。二年後、また和解して若干の所領を与えられ、息子も大名に取り立てられたが、その時点では、父信長の天下などは、まったく縁のないものとなっていた。

信長の長男から三男までが、こんな具合だったのだから、それ以外の息子たちは、なおさら天下取りなどには縁がない。もっとも、四男で秀吉の養子となった秀勝だけは、長生きしていれば、実父ではなく、養父の天下が回ってくる可能性があったが、天正十三年に十八歳で死んでしまったから、そうした運びにはならなかった。

五男勝長は本能寺で死んでしまったが、六男以下はいずれも豊臣家に仕えた。六男信秀は文禄《ぶんろく》年間（一五九二〜九五）に死んだというが行年は不明である。七男信高は、慶長《けいちょう》七年（一六〇二）病死したが行年不明、八男信吉は元和《げんな》元年（一六一五）四十三歳で病死、九男信貞は寛永《かんえい》元年（一六二四）五十一歳で病死した。十男信好は慶長十四年に死んだが行年不明、関ヶ原（一六〇〇）で戦死した十一男信次も行年不明組である。

さらにいうと、秀吉に擁立された信長の孫・秀信にしても、いつの間にか中級大名となってしまい、祖父の天下が戻ってくることなどなかった。それでも彼は、豊臣家に義理を立てたものか、関ヶ原のとき西軍に加わり、居城岐阜《ぎふ》を落とされて、間もなく病死した。

結局、信長の息子の血統としては、信雄の子孫が徳川大名として幕末まで続き、最終的には出羽天童《でわてんどう》二万石の身代であった。ほかには、七男信高、九男信貞の系統が、江戸幕府の旗本《はたもと》として残った。これが信長の天下の〈遺産〉であったといえばいえる。

豊臣秀頼

慶長五年（一六〇〇）の関ヶ原の戦いで西軍が敗れたことによって、豊臣家の天下は終わり、実質的に徳川の世となったと考えている人は多い。これによって、豊臣家は、摂津《せっつ》・河内・和泉《いずみ》三ヶ国を領する一大名に落ちてしまったというのである。こうした見方は、江戸時代からあったが、頼山陽《らいさんよう》のようなおっちょこちょいは、それでも足りずに、徳川の天下は、すでに小牧の戦い（一五八四）で決まっていたようなことまでいっている。

もちろん、そんなことはありえないし、関ヶ原の後も、豊臣家はまだまだ有形無形大きな力を持っていた。徳川家康は関ヶ原の三年後に征夷大将軍となり、武家の世界の頂点に立ったが、それとは別に朝廷をめぐる公家の世界がある。父の秀吉がそうであったように、息子の秀頼が関白にでもなってしまえば、優に家康に拮抗《きっこう》できる。それを恐れたから、家康も豊臣家が挙兵するよう仕向けたのだという解釈もある。

家康があの手この手で豊臣家潰しを狙っていたことは事実である。作家の山岡荘八氏は、ベストセラーとなった長編『徳川家康』で、あることないこと並べ立てて〈平和主義者〉家康を打ち出そうと努めたが、どうあがいても、それは無理である。

追い詰められたと感じた豊臣方は、慶長十九年（一六一四）ついに挙兵に踏み切った。豊臣側の目論見《もくろみ》としては、挙兵となれば太閤秀吉恩顧の諸大名が馳せ参ずるだろうし、天下一の堅城と莫大な金銀、兵糧の貯えがあるから、その金銀で在野の将士たちを集めて兵力を補えば、なんとかなるだろうということであった。

しかし、蓋《ふた》を開けてみると、徳川大名で豊臣方の誘いに応じた者は一人もいなかった。後に、城方に内通したという疑いを受けて処分された家が一、二あった程度である。集ったのは、豊臣家直属の者たちを別にすれば、関ヶ原で敗れて領地を失った者、その後家を潰された者、主人と衝突したり見限ったりして飛びだしてきた者といった落伍組や不平党、さらにはキリスト教徒のように世に容れられなくなった者たちばかりであった。一口でいえば、戦国〈負け組〉の巨大な再チャレンジの場となったのである。

こうして見てくると、大坂方の見通しが甘かったことは否めないが、それはこのとき始まったものではない。ここまで追い込まれる過程でも、家康はいずれ天下を返してくれるのではないかといった甘い期待があった。また家康の孫娘（千姫）を秀頼の正室に迎えているのだから、悪いようにはなるまいという安心感もあった。そうしたばかばかしい思惑がすべて外れてしまったあげくの挙兵だったのである。

それでは彼らは最悪の選択をしたのかというと、必ずしも、そうはいえないだろう。家康側が早急に豊臣家を始末してしまわなければ、枕を高くして眠れないと思っている以上、家康本人が急死でもしてくれない限り、どうなるものではない。

慶長十九年のいわゆる冬の陣は、家康側が大坂城を攻めあぐねたため、いったん停戦となり、講和交渉に入ったが、家康のほうでは、大坂に集った浪人たちを解散させること、豊臣家が大坂を出ることなどを条件として提示している。

実は、豊臣家が大坂から出れば和平が図れるのではないかという考え方は、以前からあり、伊達《だて》政宗なども、他の地へ移すのが秀頼自身のためでもあると、徳川側に提言したことがあるという。豊臣家の家老格だった片桐且元《かたぎりかつもと》なども、豊臣家が大坂城を離れれば、家康も安堵《あんど》して手を緩めるのではないかと考えていた。あるいは、家康側から、そのように且元に伝えていたのかもしれない。

且元は、冬の陣の前に大坂を退去してしまったが、家康の提示した講和条件を受け入れようという者ももちろんいたであろう。後世の観察者の中にも、豊臣側には、なまじ大坂城という希代の堅城があり、それにこだわり続けたばかりに滅亡に追い込まれることになったとして、それに賛同する人もいる。

これに対して、大坂城に拠っていれば運を開けるかもしれないが、浪人たちを解散させ、要害の地でもない場所に移ったら、好きなようにやられてしまうではないかという主張もあって、大勢はそちらに傾いた。歴史というものは、両方試してみるわけにはいかないが、おそらくそういうことになった可能性は高いであろう。

いずれにせよ、元和元年（一六一五）、城方は再び挙兵して、最後の決戦に打って出た。その時点では、徳川方の謀略によって、すでに総構《そうがま》えの堀を埋められていたため、籠城策を取ることができず、何倍もの敵を相手として野戦を選ばざるをえなかった。それだけでも不利だったが、その野戦においても戦術的な不手際が多かった。そのため次第に追い詰められて、五月七日、城下で最後の戦いが行われた。

これでは大坂落城は、当初から決まっていたようなものであり、後世にもそう解している人が多い。しかし、実際には、城方の将士ことに〈負け組〉集団ともいうべき浪人たちの奮闘がめざましく、家康ももう少しで命を落としかねないところだった。イエズス会の宣教師なども、そのままいけば城方の勝利だったのに、ちょっとしたミスがあって、形勢は一転し、落城となってしまったのだと報告している。

翌五月八日、豊臣秀頼は母親の淀殿とともに自殺した。秀頼には男女各一人の庶子がいたが、男の子は捕らえられて斬られ、女の子は仏門に入ったため、秀吉の血統は完全に絶えた。その意味では、なんとか子孫が続いた信長のほうが、少しマシだったようだ。

第二章　戦国〈負け組〉の総チェック

1 〈負け組〉の概観

一口に戦国時代の〈負け組〉といっても、中身は一様でないことは、その代表格である天下を失った人たちを観察しただけでも、ご理解いただけたと思う。だが、戦国の敗者は彼らに尽きるものではなく、数え切れないほど多数の事例があることはいうまでもない。

プロローグでも説明したとおり、それらを大きく分ければ、天下の争奪に関わった者とそうでない者に分かれるが、それぞれの中身も一様ではない。前者の中には、天下を失った者たちも当然含まれるし、天下を争って志《こころざし》を果たせなかった人たちもいる。その種の敗者の多くは、織田政権や豊臣政権の中から出ていることも、そこで指摘した。

天下の争奪に関わった者の中には、自身は天下取りの意思はなかった者も多いことも、すでに触れたとおりである。その中には、積極的抵抗派もいるが、信長・秀吉の天下一統に成り行き上抵抗せざるをえなかった者も少なくない。また、たまたま天下争いに巻き込まれてしまったり、とばっちりを受けたため潰された者も大勢いる。信長や秀吉の天下一統というのは、日本国中、一律にローラーをかけて、人も土地も一元的に支配してやろうというものであるから、その道筋にいる限り、どうしてもそういうことが起きやすい。

なんらかの形で天下の争奪に関わったという共通性があっても、こんなに複雑なのだから、天下の争奪に関わりなく敗れた者となると、ますますややこしい。その経緯や原因が明らかでない場合も多いし、わかっている場合でも千差万別というほかはない。一族の内《ない》訌《こう》や家臣の裏切りが原因となって廃滅した家が目立つが、内訌や裏切りの内容は一様ではない。また、そういうことが起きてから、没落に至る過程も決して同じではない。

そこで次の2では、そうしたことに関係なく、置かれていた位置・立場ごとに全国の〈負け組〉を概観しておきたい。たとえば、守護大名のうち〈負け組〉となったのは、どういう家であったのか、戦国大名の場合には、どうであったのかという形で見てゆきたい。

時間的には、信長・秀吉による一統事業が進められてゆくあたりまでとしたい。したがって、信長あるいは秀吉に敵対して敗れた者たちはもちろん、それとは関係なく、その間に没落した者も含まれる。なお、織田政権あるいは豊臣政権内部でいったん〈勝ち組〉となり、その後〈負け組〉となった者については、改めて第三章で扱うこととしたい。

こうして整理してゆけば、徳川将軍家を頂点とする究極の〈勝ち組〉グループから外れた者が、最終的な〈負け組〉となったという、プロローグでいった構図がはっきりするであろう。ただ、それでもまだ微妙な者は残る。織田政権や豊臣政権において敗者となった者の中には、徳川幕府の下で小大名《こだいみょう》となったり、旗本となったりして生き延びたケースがいくらもあるからである。本人たちからすれば敗者意識が強かったかもしれないが、世間的な目で見れば、御大名や御旗本は、まぎれもない〈勝ち組〉である。

2 位置・立場ごとに見た〈負け組〉

幕府三管領と四職

足利幕府は、将軍を補佐する職として「管領《かんれい》」というものを置いた。鎌倉幕府における執権と同じであるから、きわめて権威のある重職である。斯波《しば》・細川・畠山《はたけやま》の三家が交替で務めることとなっていたので三管領というが、三職という呼び方もあったらしい。

これと紛らわしいが、「四職《ししき》」というものもあった。これは侍所の長官ということで、正確には所司という。朝廷と幕府の警衛に当たり、市中の巡察なども行うものであるから、これも重職である。初めは山名《やまな》・今川・細川・畠山家の人間が補されたが、のちに赤松・一色《いっしき》・山名・京極《きょうごく》の四家が交替で務めるようになった。

結論から先にいえば、これら七家のうち、戦国時代をなんとかくぐり抜けて徳川大名となり、最後まで大名として生き残れたのは、京極家のみである。その間、紆余曲折《うよきよくせつ》はあったが、明治維新の時点で讃岐《さぬき》（香川県）丸亀《まるがめ》を初め、但馬《たじま》（兵庫県北部）豊岡、丹後《たんご》（京都府北部）峰山などの藩主として残っていた。細川家も肥後《ひご》（熊本県）で大大名となっているが、これは嫡流ではなく、庶流の系統である。

京極家以外の家を順に見てゆくと、斯波家は越前《えちぜん》（福井県東半部）、遠江《とおとうみ》（静岡県西部）、尾張《おわり》（愛知県西北部）の守護職を世襲していたが、内訌などもあって次第に衰えた。応仁《おうにん》の乱のどさくさで重臣の朝倉家に越前を奪われ、その後、遠江を今川家に奪われ、戦国時代後期には尾張一国の守護職であるにとどまった。それも実力は伴わず、家臣の織田家に擁立されてどうにか家名を保っていたに過ぎないが、永禄《えいろく》四年（一五六一）、義銀《よしかね》のとき織田信長と対立して追い出され、滅亡した。信長の敵と通謀したからであると、信長側では説明している。

支家の系統は、まず奥州管領といったポストに就き、子孫は大崎、最上《もがみ》といった戦国大名となったが、大崎家は天正《てんしょう》十八年（一五九〇）、秀吉によって潰された。最上家は徳川大名となったものの、江戸時代初期に内紛によって改易され、子孫は旗本として続いた。

細川家は、政元の代までは内訌なども起こさなかったため、大きな勢力を維持していたが、政元の死後、分裂抗争が始まって嫡家も庶家も衰えた。嫡家最後の当主・信良は、信長の妹婿となっていたが、信長の死後振るわず、秀吉のとき追放されたという。庶家も断絶したものが多いが、わずかに和泉《いずみ》（大阪府南部）半国の守護だった家だけが、細川（長岡）藤孝により再興され、子孫は肥後の殿様となったのである。

畠山家も宗家である管領家は、紀伊《きい》（和歌山県）、河内《かわち》（大阪府東部）、越中《えっちゅう》（富山県）の守護職であったが、分裂抗争によって衰え、最終的には、紀州の一角でかすかに勢力を保っていた。それも天正十三年（一五八五）、豊臣秀吉によって滅ぼされた。

能登《のと》（石川県北部）の守護となった家も、重臣によって当主の首をすげ替えられたりしたあげく、天正五年（一五七七）上杉謙信に敗れて滅亡した。最後の段階で家臣に裏切られて居城を落とされたこと、子孫が幕臣となったことは宗家と共通である。幕府は、名門の裔ということで、いずれの家も儀式などを掌《つかさど》る高家《こうけ》として遇している。

播磨《はりま》（兵庫県西南部）・備前《びぜん》（岡山県東南部）・美作《みまさか》（岡山県東北部）の守護であった赤松家も家臣に勢力を奪われ、最終的には豊臣秀吉からわずかな知行を与えられていたが、天正十三年当主が死ぬと無嗣断絶《むしだんぜつ》となった。庶家も慶長《けいちょう》五年（一六〇〇）関ヶ原の戦いで西軍に加わって断絶した。

丹後を本拠としていた一色家の場合には、宗家は、本能寺の変の後、細川家の謀略で滅ぼされた。幕臣となった別家も、江戸前期に断絶している。

　中国地方で大きな勢力を持っていた山名家も、毛利、尼子《あまご》さらに織田といった新興の戦国大名に圧迫されて次第に衰え、最終的には但馬（兵庫県北部）・因幡《いなば》（鳥取県東部）の二国を保つのみとなった。但馬の宗家は、天正八年（一五八〇）、信長の派遣した羽柴勢に敗れて滅亡した。因幡の家も当主・豊国が織田、毛利など諸勢力の間を右往左往したあげく、同年滅亡したが、豊国は徳川家康に拾われ、子孫は高禄の旗本として続いた。

関東公方と関東管領

　足利家は京都に幕府を開いたが、鎌倉に鎌倉府という〈支庁〉を置いて東国を管掌させることとした。最初は、関東八ヶ国に甲斐《かい》（山梨県）・伊豆《いず》（静岡県東部）を加えた十ヶ国が対象だったが、後には陸奥《むつ》（青森県・岩手県・宮城県・福島県）と出羽《でわ》（秋田県・山形県）が加わったので、東日本全体をカバーする形となった。

　最初にその長となったのは、足利尊氏の次男・基氏《もとうじ》で、その子孫が受け継ぐこととなった。公式の職名はなかったようだが、最初はこれを関東管領《かんとうかんれい》と呼び、のちには鎌倉御所、鎌倉公方《くぼう》、関東公方などと呼ばれるようになった。

　その後の関東管領という呼称は、この関東公方を補佐する役目のことで、上杉家が世襲することとなっていた。その上杉家も山内《やまのうち》・扇谷《おうぎがやつ》・犬懸《いぬがけ》・宅間《たくま》の四家に分かれたが、山内家が最も強大で、関東管領のポストも、この家が独占するようになっていった。

足利基氏の子孫の中には、京都の宗家に対抗して、将軍職をうかがおうとする者も少なくなかった。関東管領は、これを押しとどめようとし、幕府・関東公方・関東管領三者の間でさまざまな駆け引き、葛藤《かっとう》が見られた。

結局、足利持氏《もちうじ》のとき幕府と全面対決となったが、戦闘にも敗れ、有力な部下にも背かれて滅亡した。それが永享《えいきょう》十一年（一四三九）のことで、関東公方の座は一時空席となったが、のちに持氏の子成氏《しげうじ》が復帰した。しかし、関東管領と争って、これを謀殺したりしたため、幕府に追われ、下総古河《しもうさこが》に移ったので、以後「古河公方」と呼ばれる。

この古河公方は、晴氏《はるうじ》のとき、小田原の北条氏康《うじやす》と争って敗れ、氏康は、晴氏の息子で自分の姉妹が産んだ義氏を擁立した。こうなっては、北条家の傀儡《かいらい》であるに過ぎないが、その義氏も天正十年（一五八二）に死んで、彼が最後の古河公方ということになった。ただし、古河公方の系統は、喜連川《きつれがわ》氏と称して徳川家に属した。一万石未満の旗本ながら、十万石の大名格として扱われるという異例の処遇をされている。

足利幕府は、鎌倉の公方の反抗に手を焼いて、六代将軍義教《よしのり》の子・政知《まさとも》を送り込んだことがある。しかし、彼は関東に入れず、伊豆堀越《ほりごえ》にとどまったので、堀越御所とか堀越公方とか呼ばれる。政知の死後、茶々丸が継いだが、異母弟とその母を殺すなどトラブルが多く、明応《めいおう》二年（一四九三）、駿河《するが》（静岡県中央部）から侵攻してきた北条早雲（伊勢宗瑞）に追い出されてしまった。逃げ出した茶々丸は、五年後に自殺した。

上杉四家のうち、犬懸・宅間の二家は早くに衰退し、山内・扇谷の二家が両上杉と呼ばれたが、ともに北条氏康によって滅ぼされた。扇谷家は、天文《てんぶん》十五年（一五四六）、川越の戦いで当主・朝定《ともさだ》が戦死して滅亡した。この戦いに加わっていた山内家の上杉憲政《のりまさ》は、命を落とすことなく、その後も抵抗を続けたが、家臣たちにも見放され、天文二十一年居城から出奔《しゅっぽん》した。

その後、越後に逃れた憲政は、弘治《こうじ》三年（一五五七）、家来筋である長尾景虎を養子として、これに系譜や重宝を譲った。この長尾景虎が上杉謙信となるのである。憲政の嫡子は、憲政の出奔後、北条氏康に殺されたが、憲政本人も謙信没後の家督争いに巻き込まれて、天正七年（一五七九）、謙信の養子の一人・景勝に殺されてしまった。

その景勝が相続した上杉家は、織田信長と戦って、あわや滅亡かというところまで追い詰められたが、本能寺の変の勃発で救われた。その後、豊臣大名となったこの家は、徳川家康に敵対する形となったため、関ヶ原の後、また危うかったが、減封でおさまった。結局、出羽米沢の藩主として、幕末まで続いている。

三国司

国司《こくし》というのは、各国の長官といったようなもので、古代から置かれていたが、荘園など私領が増えて、国司が租税を徴収できる国衙《こくが》領が減少しては、余り意味のあるものではなくなっただろう。それを後醍醐《ごだいご》天皇がいわゆる「建武《けんむ》の新政」の一環でテコ入れしようとしたが、これも間もなく有名無実化したと思われる。そうした中で戦国時代になっても、まだその称号を保持し続けていた家が三家あった。

飛驒《ひだ》(岐阜県北部)の姉小路《あねがこうじ》家、伊勢《いせ》(三重県中央部)の北畠《きたばたけ》家、土佐《とさ》(高知県)の一条《いちじょう》家がそれで、世間では「三国司」と呼んでいた。北畠家について「公家《くげ》之大名此《この》国司一人也」と記したものがあるが(「勢州軍記」)、そんなことをいって家柄を誇りたい気分があったようである。もっとも、実際には一人でなく三人いたわけだが、いずれも公家衆の出であるところは共通である。三家は、その地に土着して大名化していたが、どの家も最後まで持ちこたえることはできなかった。この点もまた共通である。

飛驒の姉小路家は、後醍醐天皇の新政のとき、家綱(基氏)という者が送り込まれてきたのが始まりだろうという。当然、南朝方であり、足利幕府に抵抗して敗れたりしたが、なんとか家は保っていた。結局、天文・弘治年間(一五三二〜五七)に断絶したという。

もっとも、姉小路家の名跡だけは、守護の京極家に従って近江から入ってきた三木家が勝手に継承した。そうやって名門を装いたかったのだろう。織田信長と結んでほぼ飛騨一国を制覇したが、秀吉と対立したため、天正十三年（一五八五）滅亡した。

伊勢の北畠家は、南朝方の柱石であった北畠親房《ちかふさ》の息子（養子ともいう）顕能《あきよし》に始まっている。この家も南北両朝が合一した後になっても、まだ反幕府闘争を続けていたが、その後、幕府と協調して地域の統治を進めるようになった。

具教《とものり》のとき、弟である木造具政《こづくりともまさ》が宗家に背いて織田信長に通じ、永禄十二年（一五六九）、織田の大軍に攻め込まれた。具教・具房父子は降伏し、信長の次男信雄《のぶかつ》が養嗣子として送り込まれ、翌年、具教は引退した。家督には、一応、具房が座っていたが、天正三年（一五七五）、信雄に家督を譲らされ、完全に織田家に乗っ取られてしまった。

信長は、その後も手を緩めず、翌天正四年、具教の家臣たちを抱きこんで具教を暗殺させた。具教は、塚原卜伝《つかはらぼくでん》に学んで剣術の達人であったので、このとき近づく者十四人を切って捨てたなどと書いたものがあるが、これはウソである。刀が抜けないよう家臣らが細工しておいたため、抵抗できずに空しく殺されてしまったのが真相である。息子たちも殺され、長子の具房だけがなんとか助かったが、彼の系統も結局絶えてしまった。

土佐一条家の発祥は、もう少し遅く、応仁の乱のとき、一条教房《のりふさ》が土豪たちに押領された領地を回復する目的で下向したのが始まりであるという。教房は、学者として有名な兼良《かねよし》の息子である。教房の子孫は、次第に大名化したが、兼定の代になると新興勢力の長宗我部元親《ちようそかべもとちか》に圧迫され、かろうじて土佐の二郡を保つに過ぎない有様となった。

この兼定は人望がなく、老臣たちはその息子・内政《うちまさ》を立てて長宗我部元親に後見を依頼してはどうかと考えた。結局、天正元年（一五七三）兼定は追い出され、姻戚の豊後大友家を頼った。その後、土佐奪回を図ったこともあるが、成功を見ないまま兼定は死んだ。一方、内政は元親の娘婿となって、それなりに厚遇されていたが、本人は不満だったようで、天正九年（一五八一）、反元親の陰謀に与したとして、追放されてしまった。

守護と守護大名（東日本）

守護《しゆご》というポストは、源頼朝によって諸国に置かれ、鎌倉幕府滅亡後の後醍醐天皇の新政においても継承され、足利政権も受け継いだ。したがって、戦国時代が始まった頃には、たくさんの守護が存在していた。すでに取り上げた三管領や四職とされた家、関東管領家なども、いずれも守護という「職」を持っていた家である。

もっとも、そこでも見たように、一家で何ヶ国もの守護を兼ねる例もあったし、逆に細川庶家のように、半ヶ国の守護という例もあった。それどころか郡単位の守護というものも少なくなかった。その一方では、はっきりした形で守護の置かれなかった国もあるから、守護の頭数と国の数は一致しない。

当初の守護は権限も小さく、軍事・警察の分野で一定の任務をこなすだけだったが、次第に拡大されて、公領である土地の支配や課税なども可能になっていった。それだけではなく、任国内の荘園などにも食い込んでいったので、一国の支配者となることも多かった。加えて、本来は交替が予定されていた守護職が次第に固定して、世襲化していく傾向が強くなった。こうしたことを背景に大名化したものがいわゆる守護大名である。

この守護ないし守護大名であった家のたどった道はさまざまだが、結論から先にいえば、戦国時代をなんとか切り抜けて、徳川大名となれた家は決して多くない。むしろ、そこに至るまでに潰れてしまった家のほうがはるかに多い。

ここでは、今日の新潟県・長野県・静岡県以東と富山県・岐阜県・愛知県以西という区分で日本を東西に分けて、その状況を観察しておきたい。なぜ、このような区分をするかというと、応仁の乱に巻き込まれた地域が東側では富山・岐阜・愛知までにとどまっているからである。直接間接、この乱によって没落した家が多いことは、プロローグで内藤湖南氏の講演を引いていったとおりである。また、関東公方の存在などからもわかるように、東国方面は、西日本とは、やや政治状況の違うところもあった。

まず、今日の東北地方である陸奥・出羽の両国であるが、ここには本来守護は置かれず、それに代えて探題《たんだい》といったものを設けていた。この奥州《おうしゅう》探題、羽州《うしゅう》探題は、いろいろな経緯を経て、だいたい斯波家のポストとして落ち着いた。といっても、幕府が両国を鎌倉府の管下に編入したため、地位は低下した。戦国時代には、この斯波家の子孫のうち大崎家が奥州探題と称して戦国大名化し、羽州管領と称したものが後に戦国大名・最上家となった。それらがどうなったかは、管領・斯波家に関わる箇所で触れたとおりである。

関東地方で守護職を持っていた家としては、山内上杉、扇谷上杉、千葉、佐竹などの諸氏がある。武蔵《むさし》（埼玉県、東京都、神奈川県の一部）・上野《こうずけ》（群馬県）のほか伊豆・越後（新潟県）などを押さえていた山内上杉家は、新興勢力である小田原の北条家に圧迫され、越後の守護代であった長尾家にすべてを託する形で家名だけは存続させた。そのときの長尾家の当主・景虎が後の上杉謙信であることは、すでに述べた。

相模《さがみ》（神奈川県西半部）の扇谷上杉家も、家宰《かさい》・太田道灌《おおたどうかん》（資長）の働きもあって、一時は大変な勢いだったが、それを恐れた山内家の謀略に乗って道灌を謀殺したため、また振るわなくなった。その後、山内家と組んで北条家に対抗しようとしたが、天文十五年（一五四六）滅亡したことは、これもすでに触れたとおりである。

上総《かずさ》（千葉県中央部）・下総（千葉県北部、茨城県の一部）を支配した千葉家は、戦国時代が始まる頃には、守護としての実態も喪失していたようである。その後も安房《あわ》（千葉県南部）から起こった新興勢力の里見家に圧迫され、小田原の北条家に属してしのいでいた。そのため、天正十八年（一五九〇）の豊臣秀吉の北条攻めの際には、小田原籠城に加わることとなり、所領を没収されてしまった。

常陸《ひたち》（茨城県の大部分）の佐竹《さたけ》家ばかりは、なんとか戦国時代をくぐり抜け豊臣大名の一員となった。関ヶ原で西軍寄りの態度を取ったため、本国から引き離されて出羽秋田へ移されたが、公称二十万石余、実質三十万石を越える大藩として明治維新に至っている。

中部地方では駿河の守護であった今川家が力を伸ばし、遠江を斯波家から奪い取り、義元の代には三河《みかわ》（愛知県東部）も領国化した。だが、義元が桶狭間《おけはざま》の戦いで敗死すると一挙に衰え、息子・氏真の代に滅亡した。甲斐（山梨県）の武田家も信玄の代に大勢力となったが、これも息子の勝頼のときに滅んでしまった。ただ、今川家は氏真の子孫、武田家は信玄の次男の系統と称する家と信玄の弟の系統が幕臣となっている。

その信玄の侵攻にあった隣国信濃《しなの》（長野県）の守護は、小笠原《おがさわら》家であった。この家は、信玄に属した家とこれと戦った家に分かれたが、後者は、結局敗退して越後の上杉家を頼っている。ただ、いずれの家も徳川大名となることはできた。信玄に属した家は越前勝山、上杉家を頼った家は肥前《ひぜん》（佐賀県・長崎県）唐津《からつ》の藩主として明治維新を迎えている。

守護と守護大名（西日本）

今日の愛知県では、細川家が三河の守護職を持っていたが、今川家によって領国化され、尾張の斯波家は、すでに見たとおり、織田信長に追い出されて滅んだ。

隣の岐阜県のうち飛驒の状況については、三国司に関して述べたが、土岐《とき》家の支配していた美濃（岐阜県南部）では、頼芸《よりなり》のとき、家臣の斎藤道三（利政）に国を奪われて没落した。坊主上がりの油売りが権謀術数の限りを尽くして一国の主となるという司馬遼太郎氏の『国盗《くにと》り物語』の世界である。だが、実際には、〈国盗り〉は道三一代の仕事ではなく、父親との二代がかりであり、油を売ったのは父親のほうである。頼芸の子孫は徳川家の旗本となったが、同族には徳川大名となった家もある。

三重県では、伊勢は北畠家が国司であると同時に守護でもあったが、織田信長によって滅亡させられたことは、三国司の箇所で見た。県北西部の伊賀には仁木《にっき》家がいたが、応仁の乱でご多分に漏れない一族の内訌があったため、早々に衰微した。

北陸方面に目を移すと、今日の富山県である越中では、能登（石川県北部）とともに畠山家が守護であったが、越中では早くから守護代が強力になり、さらに越後の長尾為景の侵略を受けている。能登の畠山家は、為景の息子の上杉謙信に滅ぼされた。

石川県南部の加賀《かが》の守護・富樫《とがし》家は応仁の乱の前から家督争いでもめていた。北半国の守護であった政親は、長享《ちょうきょう》二年（一四八八）、一向一揆《いっこういっき》に敗れて滅亡した。この事件は、教科書にも載っていて有名であるが、その後、南半国を押さえていた同族の泰高《やすたか》が名目上の加賀の守護として擁立された。しかし、その系統も天正二年（一五七四）に越前で一向一揆のために滅ぼされてしまった。

福井県では、東半部の越前を斯波家、西半部の若狭《わかさ》を武田家が押さえていた。武田家は、甲斐、安芸の武田と同族で一時は相当の勢いだったが、次第に弱体化した。家督争いや家臣の反乱で拍車がかかり、永禄十一年（一五六八）、隣国越前の朝倉家の侵攻を受けて、これに屈服した。この朝倉家は、すでに触れたように斯波家から越前を奪った家だが、その越前を天正元年（一五七三）に織田信長が攻略したため、武田家も滅亡した。

現在の滋賀県に当たる近江《おうみ》は、同族である六角《ろっかく》家と京極家が南北に分立する形だった。六角家は内訌があったり、地域の国人を統制しきれなくなったりで振るわず、織田信長の上洛の際に没落した。京極家も新興勢力の浅井《あざい》家に支配権を奪われたが、なんとか生き延びて徳川大名となったことは、すでに触れたとおりである。

近畿地方の中心である京都府、大阪府、奈良県などは、おおむね三好長慶《みよしながよし》の支配下に入ったところなので、詳述にも及ばないだろうが、京都府東南部の山城《やましろ》は、最終的には管領・

細川晴元が守護の職にあったらしい。この晴元は、家臣の長慶に敗れて隠棲を余儀なくされたが、長慶の庇護を受けて、永禄六年（一五六三）に死んでいる。

丹波《たんば》（京都府・兵庫県の各一部）も、元は細川家のものだったが、三好長慶に実効支配された。丹後《たんご》（京都府北部）には、一色家がいたが、織田信長に属した細川家によって滅ぼされたことは、すでに触れた。

奈良県に当たる大和は興福寺の力が強く、天正三年（一五七五）、信長に征服されるまで守護の権限を行使した。もっとも、その間、松永久秀が守護と称したこともあるし、信長の征服後には興福寺の衆徒上がりの筒井順慶《じゅんけい》が守護職をもらったりしたこともある。

大阪府などでは、河内は畠山、摂津（大阪府西北部・兵庫県南東部）・和泉は細川ということになっているが、いずれも三好長慶に実効支配された。畠山家と細川家がどうなったか、長慶の政権の行方がどうなったかは、すでに見たとおりである。

紀伊（和歌山県、三重県の一部）は、一応、畠山家が守護のポストを持っていたが、高野《こうや》山《さん》や根来寺《ねごろじ》など大きな宗教勢力があったり、雑賀《さいか》衆のような自立性の強い在地集団ががんばったりしていて、まともに統治できなかった。最終的には、有田《ありだ》郡の一角にしがみつく形であったが、秀吉によって滅ぼされた。

中国地方については、便宜上、ポストを持っていた家のほうから見てゆくが、細川家が備中《びっちゅう》（岡山県西部）と淡路《あわじ》（兵庫県の一部）、山名家が但馬（兵庫県北部）・因幡（鳥取県東部）・伯耆《ほうき》（鳥取県西部）・石見《いわみ》（島根県西部）・備後《びんご》（広島県東部）、京極家が出雲《いずも》（島根県東部）・隠岐《おき》（島根県の一部）、赤松家が播磨（兵庫県西南部）・備前（岡山県東部）・美作（岡山県東北部）、武田家が安芸《あき》（広島県西部）、大内家が周防《すおう》（山口県東部）・長門《ながと》（山口県西部）となる。これが戦国時代開始当初の頃のだいたいの構図である。

これらの家の運命については、すでに触れたものもあるが、京極の家臣であった尼子家が出雲を中心に勢力を拡大したことが大きかった。経久《つねひさ》のときには山陰・山陽十一ヶ国の太守といわれた。これは少し掛け値があるが、孫の晴久は、天文二十一年（一五五二）、実際に出雲・隠岐・因幡・伯耆・備前・備中・美作・備後八ヶ国の守護に補されている。つまり、これらのポストを持っていた家は、駆逐《くちく》されてしまったということである。

大内家は百済《くだら》王の子孫と称していたから、渡来系の氏族であろう。義興《よしおき》のとき、幕府の管領代を務めて京都を十年間にわたって実効支配し、息子の義隆《よしたか》は、周防・長門のほか安芸・備後・石見・豊前・筑前の守護でもあった。安芸の武田家などは、こうした尼子、大内などの勢力拡大の過程で、天文十年（一五四一）滅亡に追い込まれた。

その大内義隆も、天正二十年（一五五一）、家臣の陶晴賢《すえはるかた》（隆房）に叛かれて自殺した。晴賢は、義隆の甥義長を擁立したが、晴賢本人が弘治元年（一五五五）毛利元就《もとなり》と戦って敗死し、周防・長門を領した義長も二年後に戦死して、大内家は滅んでしまった。

毛利元就は、尼子・大内の間で右往左往していたが、結局、大内に属した。主君の〈弔《とむら》い合戦〉を果たして、その後、勢力を拡大した。尼子家なども屈服させて〈中国王〉となったことは、よく知られている。この家は、四国、九州方面にも手を伸ばしている。

その四国では、細川家が阿波《あわ》（徳島県）、讃岐（香川県）、土佐（高知県）、残る伊予《いよ》（愛媛県）が河野《こうの》家というのが、戦国時代当初の色分けであった。このうち阿波と讃岐については、ややこしい経緯があるが、大筋でいえば、三好一族に実効支配された後、新興の長宗我部家に敗れている。国司の一条家もいた土佐については、すでに触れた。

伊予の河野家も内訌や在地勢力の反抗などで安定した統治ができず、長宗我部家に圧倒された。天正十三年（一五八五）秀吉の四国攻めがあり、これに抵抗して没落してしまった。間もなく、正系は断絶している。

最後に九州であるが、筑前《ちくぜん》（福岡県北西部）と豊前《ぶぜん》（福岡県東部・大分県北部）が大内家、筑後《ちくご》（福岡県南部）と豊後《ぶんご》（大分県南部）が大友家、肥前《ひぜん》（佐賀県・長崎県）が少弐《しように》家、肥後（熊本県）が菊池《きくち》家、日向《ひゆうが》（宮崎県）・大隅《おおすみ》（鹿児島県東部など）・薩摩《さつま》（鹿児島県西部）が島津家という色分けになる。ほかに長崎県に属する対馬《つしま》の宗《そう》家がいる。ちなみに、応仁の乱に巻き込まれたのは、大内領の二国だけである。

対馬の宗家は別として、残る五家のうち、戦国時代をなんとかクリアーしたのが、大友、島津の二家、徳川大名として残れたのは、島津家のみである。大内家についてはすでに触れたが、少弐家の場合には、資元《すけもと》のとき、その大内家と争って敗死し、その子・冬尚は永禄二年（一五五九）、新興の龍造寺《りゅうぞうじ》家と戦って敗死して事実上滅亡した。

菊池家の場合は、大友家から出た義武が送り込まれて当主となっていたが、後に本家と争って敗れ、天文二十三年（一五五四）自殺に追い込まれた。

その大友家は、義鎮《よししげ》（宗麟）が島津家に敗れて危うかったが、豊臣秀吉の後援を得てなんとか命脈を保った。しかし、豊後一国を与えられて豊臣大名となった息子・義統《よしむね》が朝鮮役での失態で所領を取り上げられてしまう。その後、関ヶ原の戦いに乗じて失地回復を図ったが成功せず、子孫は徳川家に仕えて儀式などを掌る高家となっている。

一時、九州全土を制覇しそうな勢いだった島津家は、豊臣秀吉に敗れて、薩摩・大隅の大部分と日向の一部を取りとめた。関ヶ原のときには西軍に加わったため危うかったが、巧妙な外交で所領を維持することができた。結局、公称七十二万八千石余の大藩として明治維新を迎えたことはよく知られている。ほかに日向佐土原《さどわら》にも支藩があった。

戦国大名（東日本）

教科書風にいえば、戦国時代、自らの力でつくり上げた領国で独自の支配を行った地方政権が戦国大名である。といっても、守護大名の場合には、守護というポストを持っていた家が、それを基盤に勢力を張ったという共通の目安があるが、戦国大名にはそういうものがないから、わかりにくいところがある。また、地方政権がどのくらいの規模になれば「大名」といえるのかという点も、はっきりしていない。

その〈素性〉も一様ではなく、守護大名から戦国大名に転化した例も少なくない。守護大名の箇所で名前の出た佐竹、今川、武田、小笠原、大内、大友、島津などいくらも挙げることができる。守護代からのし上がったケースも、越前の朝倉、備前の浦上、出雲の尼子など数多くある。越後の上杉謙信の家も、元は長尾といって守護代であった。

在地の小領主から成り上がった例となると、枚挙に暇《いとま》がないといったほうがよい。地域的にも、北から南までそうした事例は、満遍なく行きわたっている。代表格としては、安芸の毛利、土佐の長宗我部などがいるが、織田信長の家なども、尾張の守護代に仕えていたものであるから、その部類に属している。

それらの戦国大名がどうなっていったかを、守護大名の場合と同じ形で、日本を東西に分けて見てゆきたい。これは守護大名から戦国大名に転化したケースが多いこと、それ以外の場合にも、新興勢力が旧来の守護・守護大名を排除している例が多いことによる。

まず、東北地方であるが、『日本史総覧』にある戦国大名表では、陸奥で十二家を挙げている。そのうち戦国時代を生き抜いたのは、南部《なんぶ》、津軽《つがる》、伊達《だて》、相馬《そうま》、田村、岩城《いわき》、留守《るす》の諸家である。前に触れた奥州探題と称した大崎家、源頼朝以来大きな勢力を持っていた葛西家は、天正十八年（一五九〇）秀吉の天下一統の際に潰され、遺臣たちがいわゆる葛西・大崎一揆を引き起こしている。三浦平氏の系統の会津《あいづ》・蘆名《あしな》家、これと結んだ二階堂《にかいどう》家、足利一門の二本松《にほんまつ》の畠山家などは、それ以前に伊達家に敗れて没落してしまった。

生き残った中でも、田村家などは、伊達家の家臣化した後、一時断絶したが、伊達政宗の孫が伊達家の領地を分与されて再興し、近世大名となったものである。留守家も伊達家から次々と当主を迎え入れ、最終的には伊達一門として続いた。岩城家と常陸・佐竹家の関係もこれとよく似ているが、なんとか独立の大名として続いたところが違っている。

出羽では秋田、戸沢、最上、小野寺《おのでら》、大宝寺《だいほうじ》などの戦国大名がいたが、いずれも豊臣大名として生き延びている。ただし、大宝寺家は、天正十九年領内に一揆が起きるなどして所領没収、小野寺家は関ヶ原のとき西軍に与したとして、やはり所領没収された。羽州管領と称した最上家については、管領・斯波家の箇所で触れた。

関東地方では、北条早雲（伊勢宗瑞）の起こした相模小田原を本拠とする北条家が大きな勢力となって、相模のほか伊豆・武蔵・上総・下総の諸国と駿河の一部などを支配した。当然のことながら、そこにいた諸勢力は、北条家に服属するか、潰されるかのいずれかとなった。その状況は、関東管領や守護職などに関連して、すでに見たとおりである。

その北条家も、天正十八年（一五九〇）豊臣秀吉に敗れ、実質上の当主であった氏政とその弟・氏照が自殺させられて滅亡した。もっとも、彼らの弟・氏規の系統が河内狭山《さやま》一万石余の大名として幕末まで残ったから、跡形もなく消えたわけではない。

北条領国以外の関東地方にも、多くの大名がいたが、常陸では守護の佐竹家が生き残った。この家は豊臣秀吉に服属した後の天正十八年から翌年にかけて、江戸、大掾《だいじょう》などの諸家を乱暴なやり方で始末している。

『南総里見八犬伝』で有名な安房の里見家も、北条家に対抗しながら、なんとか生き延びた口である。豊臣―徳川の交替もうまく乗り切ったが、慶長十九年（一六一四）、姻戚である大久保家の事件に巻き込まれて改易された。

下野（栃木県）では大関《おおぜき》、皆川、大田原《おおたわら》といった家がともかくも近世大名となった。これに対して、一時、守護職も持っていた古い家柄の小山《おやま》家は、北条家と戦って没落した。北条方と反北条方に分かれた佐野家は、北条家滅亡後、後者が旧領に復帰したが、慶長十九年改易された。豊臣大名となった宇都宮《うつのみや》家も、相続問題をめぐる私戦の罪ということで、慶長二年（一五九七）所領を没収され、再起できなかった。

上野では、上杉家に関してはすでに触れたとおりだが、同国白井と総社《そうじゃ》には長尾家がいた。白井の家は当主が家臣に殺されて、総社の家から後嗣を迎え、上杉―武田―織田―北条と所属を変えたが、結局、天正十八年、北条家とともに滅亡した。総社長尾家は、永禄九年（一五六六）武田信玄に敗れて越後へ逃れた。白井・総社いずれの系統も上杉家の家臣として続いている。そのほか由良《ゆら》（横瀬）家のように、主家の岩松《いわまつ》家を押しのけて東上野で大きな勢力となり、なんとか生き延びて、後に徳川幕府の高家となった家もある。

越後の上杉家、甲斐の武田家、駿河の今川家などのことは、よく知られているし、すでに触れたこともあるので詳しくは述べないが、上杉はもと守護代で長尾と称していた家、武田、今川はともに守護大名から戦国大名に転化した家である。

今川家の場合、駿河以外に遠江・三河も押さえたが、その過程で斯波家を遠江から排除し、三河でも同族の吉良《きら》家を圧迫している。吉良の嫡流は、いったん松平元康（徳川家康）に従ったが、のちこれと争って敗れ、三河を出た後断絶した。支家は家康に仕えたが、その子孫が「忠臣蔵」で有名な吉良上野介である。

今川家は義元の死後次第に衰え、領地は武田・徳川両家に分け取りされる形となった。

その武田家は、それ以前に信濃を押さえ、三河・上野・飛驒の一部などにも手を伸ばしたが、勝頼の代に織田信長によって滅ぼされた。その遺臣が大量に徳川家に抱えられたことはよく知られている。

武田信玄は、信濃で守護であった小笠原家を初め、村上、諏訪《すわ》、仁科《にしな》などの諸家を排除し、木曾《きそ》、真田《さなだ》などの諸家を抱え込んだ。このうち小笠原家がどうなったかは、守護に関する箇所で述べた。村上家は、越後に逃れて、ずっと上杉家の庇護を受けた。

諏訪家の場合、宗家は絶えたが、織田信長の死後、一族の者が旧領を回復し、徳川大名となって明治維新に至っている。仁科家は、信玄の息子の盛信が名跡だけを継いだが、彼が武田宗家とともに滅んだため消滅した。木曾家は、武田家滅亡の前にこれに背いて信長に従い、さらに徳川家康に属して小大名となったが、後に所領を没収され、庶流が旗本となった。真田家も紆余曲折を経たが、信濃松代《まつしろ》藩主として維新を迎えている。

戦国大名(西日本)

尾張から出た織田信長が上洛して諸国を従え、その後を受けた豊臣秀吉も、まず西の方向に勢力を拡大していったため、この方面には、彼らによって潰された家がきわめて多い。その間の物語は、昔から講談や大衆小説の格好の素材となったし、今もドラマの世界などで扱われることが多い。真偽は別として、よく知られていることなので、ここでは大筋だけ説明しておきたい。

まず、信長の上洛以前に美濃の斎藤家が滅ぼされ、上洛途上で近江の六角家が本拠を追い出された。上洛によって畿内一帯に勢力を張っていた三好、松永といった人びとが追われたり、屈服させられたりしたことは、第一章で述べた。摂津の池田家なども、このとき抵抗して敗れたが、さしあたり許された。しかし、のちに家臣・荒木村重《あらきむらしげ》に追放されてしまった。同国の伊丹家なども、信長に服属しながら、後に荒木に追われている。

信長が京都を押さえた後も、周辺の反信長派との抗争は続いている。信長は、上洛翌年の永禄十二年（一五六九）伊勢の北畠家を降伏させ、天正元年（一五七三）、越前の朝倉、近江の浅井両家を相次いで滅ぼした。北畠家の行方については、すでに触れたが、朝倉・浅井両家も、嫡流は消滅したようである。

信長は、その後、北陸方面へも手を伸ばしていくが、この方面には、越後の上杉謙信も進出していて、能登・越中の諸族を切り従えている。そのため、織田・上杉の抗争も始まったが、信長は柴田勝家らを派遣したのみで、謙信との対決は、ついに見られなかった。

信長は、東の武田、西の本願寺を大敵としたが、武田については、信玄死後の天正三年（一五七五）、長篠の戦いで大打撃を与え、天正十年に至って、これを攻め滅ぼした。一方の本願寺との戦いには、元亀元年（一五七〇）から天正八年まで、満十年を費やしたが、そのことは、本願寺に関して、また後に述べる。こうした戦いを続ける一方で、信長は羽柴秀吉などを中国方面へ派遣したため、やがて毛利家との対決が始まる。

そこに至るまでの、この方面の状況は、そう単純ではない。すでに述べたように、守護大名の大内家が大きな勢力としていたところへ新興勢力の尼子家が伸びてきて、両者の対決となる。尼子家が山陰・山陽十一ヶ国の太守と称せられるに至る過程で、各地の国人勢力などを従えていったことはいうまでもない。安芸の在地領主だった毛利元就なども最初は尼子家に従い、次いで大内家に属したものである。

やがて大内家が倒れ、その跡を受けた形で毛利家が力を付けてゆくが、その間、元就は、息子たちを送り込む形で、安芸の吉川《きっかわ》、備後の小早川《こばやかわ》といった勢力を自家に取り込んでいる。尼子家とは、長い対決が続いたが、永禄九年（一五六六）、ついに屈服させた。尼子家の当主兄弟は、安芸に送られ、子孫は毛利家の家臣となった。

こうして〈中国王〉となった毛利家は、元就の死後、信長に追放された足利義昭《よしあき》を抱え込むこととなり、信長と戦っていた大坂の本願寺とも提携することとなった。そのため、反信長勢力の中軸となったが、信長との対決は、本願寺が信長と講和した後も終わらず、本能寺の変の直前には、信長自ら出馬するところまで行っていた。

こうした信長と反信長勢力の対決の中で浮き沈みのあった戦国大名も少なくない。四職の箇所で取り上げた但馬・因幡の山名家もそれである。丹波の波多野《はたの》、播磨の別所《べっしょ》などは、いったん信長陣営に入りながら、再び袂《たもと》を分かち、波多野家は天正七年（一五七九）、別所家は翌八年、ともに居城を落とされて滅亡した。もっとも、別所家の場合は、一族が豊臣大名―徳川大名となって家名を保ったが、後に改易されている。

これに対して、備前の新興勢力である宇喜多《うきた》直家のように、当初は毛利家とともに反信長戦線の一翼を構成しながら、後に織田方に転じた者もいる。直家の死後は息子の秀家が秀吉の庇護を受けて大封を維持し、豊臣家のいわゆる五大老の一人ともなったが、関ヶ原の戦いで西軍に加わったため没落した。

四国では、最終的には、土佐から起こった長宗我部元親のほぼ一人勝ちの形になった。そこに至る過程で、土佐では国司・一条家を初め、安芸、本山などの諸家が潰されたり、長宗我部傘下におさめられたりした。阿波の三好、讃岐の十河《そごう》（三好）、香西《こうざい》、香川、羽床《はゆか》、伊予の西園寺《さいおんじ》、宇都宮などの諸家も追われたり、傘下に組み入れられたりした。

元親自身には天下をうかがう気分はなく、四国さえ確保できたら、あとは中央政権とよろしくやっていけばよいと考えていたようである。しかし、信長のほうはそれを認めなかったため、攻撃を受けそうになったが、本能寺の変の勃発で免れた。こうして四国の大部分を掌握したのが、天正十三年（一五八五）のことであるが、その頃には、秀吉が台頭してきて、同年、四国攻めが行われ、敗れた元親は、再び土佐一国に押し込められた。

最後の九州もなかなか複雑であるが、戦国時代が進むにつれて、薩摩を本拠とする島津、豊後の大友、肥前から出た龍造寺の三つ巴の様相を呈するようになった。島津、大友は守護大名から戦国大名に転化したものであり、龍造寺は国人領主の出である。

これら三家が成長する過程で潰されたり、組み込まれたりした家は多い。島津家の場合、主流となったのは嫡家ではない家で、一族間の争いを制してのし上がったものである。その後、日向の伊東家を圧迫し、肥後の阿蘇《あそ》家、相良《さがら》家を傘下に加えるなどして、北方に勢力を拡大した。ちなみに、伊東・相良両家は、徳川大名として続いている。

大友家も、肥後の菊池家や筑前の秋月《あきづき》家を攻めて勢力を広げている。もっとも、秋月家も豊臣―徳川となんとか生き延び、日向高鍋《たかなべ》藩主として明治維新に至った。有名な上杉鷹《よう》山《ざん》（治憲）は、この家から出た人である。

新興の龍造寺家は、肥前の守護であった少弐家を初め大村家や有馬《ありま》家を圧迫した。だが、当主・隆信は、天正十二年、有馬家とその応援に来た島津勢と戦って敗死した。以後、勢威は衰え、結局、一族の鍋島家に取って代わられた。これに対し、隆信に圧倒された大村・有馬の両家は、その後、豊臣―徳川政権下で大名として家名を保っている。

宗教勢力

教科書的にいえば、戦国時代とは、大名たちが鎬《しのぎ》を削った時代ということになるが、戦ったのは、彼らだけではない。宗教勢力や土豪集団なども、大きな役割を演じていて、時として、なまじの戦国大名などより、はるかに大きなインパクトを歴史に与えた。

そのような宗教勢力として、まず思い浮かぶのは本願寺であろう。本願寺は、浄土真宗《じょうどしんしゅう》本願寺派の総本山で、戦国酣《たけなわ》の頃には、摂津大坂に所在していた。本願寺は、実質的な領地を持ち、豊かな財力を誇っていたが、自前の軍隊などは持っていなかった。よく「本願寺の僧兵」などと書いている例があるが、これは誤りである。

本願寺を軍事的に支えたのは、武装した信徒たちの集団で、一般に「一向一揆」と呼ばれている。この呼称は、浄土真宗本願寺派を指して、世間が「一向宗」と呼んだことに由来しているが、本願寺側は、こうした呼び方を嫌っていた。信徒が一揆を起こすことについても、当初は明らかに否定的だったが、信長との対決が避けられなくなると、積極的にこれを煽《あお》ったり、利用したりするようになった。

こうして二度の休戦をはさんで丸十年に及ぶ信長との抗争が行われる。戦闘は大坂の本山周辺だけでなく、伊勢、紀伊、越前その他の諸国でも展開された。そのため、一時は、あわやという場面もあったが、次第に形勢は本願寺にとって芳しいものではなくなり、最終的には、勅命に従うという形で面子《めんつ》を立てて、信長との講和に応じた。

もちろん、名目は講和といっても、実質的には信長の勝利であり、本願寺は大坂の本山を明け渡して退去せざるをえなかった。ただ、形式的には敗者とならなかったため、法灯が絶えることはなかった。天台宗の比叡山延暦寺《ひえいざんえんりやくじ》や新義真言宗本山根来寺との違いである。

延暦寺は、信長が越前の朝倉、近江の浅井を相手に戦ったとき、朝倉・浅井側を応援した。そのため、元亀二年（一五七一）信長の攻撃を受けて、完全に壊滅した。「比叡山焼き討ち」としてよく知られている事件である。信長在世中は、再興を許されず、武田信玄を頼んで復興しようとの計画も実らなかった。再興の運びとなったのは、秀吉時代以降のことである。

紀伊の根来寺は、信長在世中は、むしろこれに協力的であった。ところが、信長が死んで秀吉が台頭してくると、根来寺が和泉の国に持っていた権益の放棄などを迫るようになり、ついには交戦状態に入った。根来寺は、雑賀衆など同国の勢力と提携して抵抗を続けたが、天正十三年（一五八五）秀吉の大軍に攻められて壊滅した。これも「根来寺焼き討ち」といわれるが、実際には、失火で焼失したものである。

これらを代表格として、信長や秀吉によって潰された寺社は数多くある。真言宗の本山である高野山金剛峰寺《こんごうぶじ》なども、信長の晩年には、これと交戦状態に入っていた。もし、本能寺の変がなかったら、最終的には比叡山と同じ運命に陥っていた可能性も高かった。秀吉の紀州攻めに際しては、高野山は戦わずして屈服している。

信長にしろ、秀吉にしろ、信仰上の理由によって宗教勢力と戦ったものではない。これらの勢力は、いずれも純粋な宗教団体だったわけではなく、領地を持ったり、私兵を抱えたりした世俗的な存在でもあった。その意味では、通常の戦国大名と異なるものではない。宗教的な権威を背負っている分、より始末が悪かったともいえる。それで天下一統の道程に立ちふさがるものと見て敵視したのである。

信長時代には、それなりに厚遇されていたイエズス会が、秀吉によって弾圧されたのも、理由は同じようなものである。信長には信長の思惑があって、これを利用していたのだろうが、当時のイエズス会は、単なる信仰のための団体ではない。ポルトガルなどの世界制覇戦略の一翼を担う、きわめて政治的な団体でもあった。天下人が、そこに危険性を感ずれば、排斥するのは当然のことであった。徳川幕府も禁教令を出している。

土豪集団など

戦国時代には、「国人《こくじん》」などと呼ばれる在地領主たちが、各地で自分たちの小天地を保とうとしていた。そこまでのレベルに至らない「地侍」といわれる人たちも、村々にいくらもいた。これら土豪の存在は、戦国の世を動かす大きなファクターであったが、彼らが単独で独立を保っていくのは、きわめて難しい。生き抜くためには、なんらかの形で集団に依存する必要があったが、それには、大きく分けて二つの方途があった。一つはタテの原理によるものであり、もう一つはヨコの原理によるものである。

タテの原理とは、上下関係で組織をつくるものである。もっともよいのは、自らが戦国大名となって、他の土豪たちを従えてしまうことである。中国の毛利、四国の長宗我部など国人から大名に成り上がった例は少なくない。徳川家康の出た三河の松平家なども似たようなものであるし、信濃の真田家なども同様である。

そうはいっても、大名にのし上がれる者は限られている。他の多くは、大名たちの傘下に入って、これをかつぐ形を取ったり、家臣となってしまう道を選んでいる。その例も余りに多く、逐一説明していられない。

ヨコの原理とは、これらの土豪たちが手をつないで横断的に地域を支配し、大名たちに対抗しようとするものである。国人一揆などと形容される、こうした事例は、至るところに見られたが、長期にわたって地域を押さえていた例は少ない。たいていは、タテ原理による組織に転化するか、吸収されるかして終わっているようである。

しかし、ヨコの連合によって持続的に地域を支配した例もないわけではない。守護勢力を押しのけ「百姓ノ持タル国」のようになったといわれた加賀（『実悟記拾遺』）、「主（守）護はなく百姓持に仕りたる国」といわれた紀州雑賀（『昔阿波物語』）などは、その典型である。信長に抵抗した伊賀の国人一揆も同じようなものであるし、短命に終わったが、秀吉に反抗して立ち上がった肥後の国人一揆なども、それをめざしたものであろう。

こうした一揆の実態は、紀伊の事例を観察すれば、とりわけ明瞭である。山鹿素行《やまがそこう》が『武家事紀』で「紀州は一揆所」といっているように、この国では、在地の勢力がヨコの結合をするのが〈伝統〉であった。室町時代後期に書かれたらしい『人国記』には、紀伊国を論じて、ここの連中は「頭なしの一揆」を企てたりするとある。体制側から見れば、うとましい限りだったろうが、それだけ〈一列横隊意識〉が徹底していたということである。

戦国時代の雑賀は、紀ノ川の河口を中心として五つの荘郷で構成された地域で、今日の和歌山市のほぼ全域と海南市域の一部に当たる。そこを仕切っていた雑賀衆という土豪集団こそ「頭なしの一揆」の見本である。『昔阿波物語』のいうところとは違って、この地に守護はいなかったわけではないが、彼らに押しのけられて早々に支配力を失ってしまったのである。

「昔阿波物語」は、彼らを指して「百姓」ともいっているが、これは後世のように、単純に農耕民を意味しているわけではない。在地の勢力というほどの意味である。「昔阿波物語」も別の箇所では、紀ノ川河口付近の連中を指して「商売人」と呼んでいる。

当時の社会は、農業ことに水稲農業の上に成り立っていたから、在地の土豪たちが農民的要素を持っていても不思議ではない。しかし、雑賀の中心部は農業適地ではなかったので、土豪たちも、それに依存してやっていくことは難しかった。そのため、彼らは交易業、漁業、海運業などいろいろなことに手を出していた。そうした関係もあって、彼らは多くの船を持っていたし、新鋭の兵器である鉄砲もいち早く大量に取り入れていた。そのような〈利点〉を生かして、各地で傭兵となって働くことも珍しくなかった。

雑賀衆の名が全国に轟《とどろ》いたのは、本願寺が信長と戦ったとき、本願寺側の主戦力となって、さんざん信長を苦しめたからである。信長の天下一統が完成しなかったのは、本願寺のせいだと宣教師などはいっているが、実際には、雑賀の衆のせいであったといえる。

そこから雑賀衆＝一向一揆といった見方が出てくるが、彼らの中に占める門徒の比率は、圧倒的に高かったわけではないし、地域共同体としての組織と門徒としての組織は別ものであったことも明らかになっている。本願寺門徒としての信仰が、彼らを反信長に駆り立てたというのは、一種の〈俗説〉に過ぎない。

そのことは、次の秀吉時代を考えれば、きわめて明瞭である。本願寺に対して、終始武断的に対決した信長に対し、秀吉はきわめて融和的であった。そのため本願寺も雑賀の人びとが秀吉に抵抗しないよう気をつかっていたが、多くの者は秀吉と武力対決する道を選んだ。結局、天正十三年（一五八五）、秀吉の大軍に攻め込まれて壊滅してしまう。

同じ紀州の根来衆は、本来は、新義真言宗本山根来寺の衆徒を中心とする組織だが、近隣の土豪たちを糾合《きゅうごう》した〈地主連合〉としての性質も濃厚であった。信長とは比較的うまくやっていたが、秀吉からは圧迫を受けた。それで中央集権化を推し進められては、独立性が保てないと気づいて抵抗したのであろう。彼らも天正十三年に壊滅した。

宣教師ルイス・フロイスは、雑賀や根来を指して、「一大共和国」のようなものであったと説明している。もちろん、この時代には近代的な意味での共和国などは、まだ存在していないし、フロイスも褒め言葉でそういっているわけではない。ヨコの原理によって結集した中世的な共同体があったといいたかっただけであろう。

「一大共和国」の住人たちは、天下を望むことなどはない。むしろ、天下一統という中央集権化に不信と嫌悪の念を抱いていたから、それに反発したまでである。彼らの間に〈一統者嫌い〉の感情が浸透していたことは、豊臣の世が徳川に移ろうとしたとき、彼らの残党が多数豊臣側に参加した事実を見てもわかる。

信長に抵抗した末、天正九年（一五八一）壊滅した伊賀の国人一揆や天正十七年秀吉に反抗した肥後の国人一揆なども、おそらく同じような感情に基づいていたに違いないし、このほかにも似たような事例はある。だが、天下一統に逆らって、自分たちの小天地を守っていきたいと考えた割拠《かっきょ》主義の徒は、ことごとく敗者となっている。

第三章　〈勝ち組〉から出た〈負け組〉

1　織田政権の〈負け組〉

ここまで、天下一統の過程で生まれた〈負け組〉について、ほぼ網羅的に眺めてきた。その仲間に入らなかった者は、すべて〈勝ち組〉だったとはいえないかもしれないが、少なくとも、〈勝ち組〉はその中にいる。だが、そうなった者が最後まで、その座を維持できたかどうかは、また別の問題である。

織田信長は日本全土を制覇することはなかったが、一応、天下人《てんかびと》にはなった。彼に取り立てられて出世した者たちはもちろん、彼の傘下に入ることによって相応の勢力を維持できた者たちは、さしあたり〈勝ち組〉となったといえる。だが、その中からも、多数の〈負け組〉が生まれている。これをいくつかの代表的な事例で眺めてみよう。

信長に裏切られた人たち

まず、織田政権から追い出された人たちがいる。信長には、信長の言い分があったのかもしれないが、当の本人たちにすれば、予期しなかった場合も多かっただろう。

天正《てんしょう》八年（一五八〇）八月、多年の宿敵であった大坂の本願寺を屈服させた直後、信長は、老臣・佐久間信盛（?〜一五八一）を追放した。信盛は、天正四年途中からこの方面を担当していたが、対本願寺作戦に不熱心で実績があがらなかったというのが主な理由である。信盛の働きがはかばかしくなかったのは事実かもしれないが、本願寺との戦いは、信長自身が指導した場合でも、しばしば苦杯を喫している。信盛だけに責任を押し付けてしまえる性質の問題ではない。

そのほかにも、信長には、信盛に対して面白くない感情があったようだが、なんといっても信盛は、柴田勝家と並ぶ織田家の大番頭のような存在である。一度も信長に背くようなことはなく、大功はなかったかもしれないが、大過もなくやってきた。それを文字どおり、身一つで追い出してしまったのだから、ただ事ではない。

これに続いて、信長は、林秀貞（通勝　生没年未詳）、丹羽《にわ》氏勝（一五二三〜九七）、安藤守就《もりなり》（?〜一五八二）の三人をまとめて追放した。林は古くから家老職にあった者であり、丹羽も父の信秀時代からの家臣、安藤は美濃《みの》の斎藤家を離れて信長に属し、大きな勢力を持っていた者である。それをにわかに追い出した理由として、『信長公記』は、「子細は先年信長公御迷惑の折節、野心を含み申すの故なり」と説明している。かつて信長に背いたからだというのだが、それだけでは、「子細」の具体的な中身はわからない。

もっとも、林の場合には、弘治《こうじ》二年（一五五六）、柴田勝家と組んで信長の弟・信勝（信行）を織田家の家督に据えようとしたことがある。それをとがめられたのだろうが、彼は、その後許されて、ずっと信長のために働いていた。それを四半世紀も経ってから蒸し返したのであるから、〈言いがかり〉に近いものである。

丹羽の場合には、その程度の事実も見当たらない。安藤は、かつて武田信玄と通謀したと見られたらしいが、信玄は、七年も前に死んでいるし、それらしい事実があった痕跡もない。つまり、この二人の場合は、〈言いがかり〉そのものなのである。

これより先、天正六年に信長に叱責されて出奔してしまった磯野員昌《いそのかずまさ》（生没年未詳）のケースも似たようなものかもしれない。磯野は、浅井《あざい》家に属して、対信長の最前線を引き受けており、姉川《あねがわ》の戦い（一五七〇）でも大いに奮闘しているが、そこで浅井家が敗れたため、敵中に孤立して籠城する形となった。

応援も得られなくなった磯野は、やむなく城を渡して、元亀《げんき》二年（一五七一）信長に服属した。それ以来、信長もかなり厚遇し、甥の津田信澄を養子にさせたりしている。それが一転して飛び出してしまった理由はわからないが、信長がなにか勝手なことを言い出したからではないかという想像はできる。

信長は、きわめて身勝手な男だったから、次々にそういうことをしたのだろうが、佐久間ら四人の追放は、彼の性格だけの問題でもなかったらしい。大敵・本願寺を屈服させた信長には、全国制覇の可能性がより具体的なものとなってきたが、それと併せて、将来を見据えた領国の再編成を考え始めたようである。

といっても、一部の人が想像するように斬新奇抜《ざんしんきばつ》な国家構想を実現してやろうといったご大層な話ではない。息子たちに、どう財産分与しようかという現代のオーナー社長が頭を悩ませるような課題について考えていたのである。第一章で見たように、信長には十一人の男の子がいて、上の三人は、すでに成人に達していた。ほかに弟や甥もいるし、そうした一門の者たちを、どう処遇するかが気になり始めたらしい。

それに加えて、居城のある近江《おうみ》を中心として、周辺に側近たちを配置しようという構想もあったようである。もちろん、自分の直轄領をどうしようかということも考えたに違いない。息子たちへの財産分与といい、このことといい、そうした点になると、信長も月並みな戦国大名と同じような発想しか持ち合わせていなかったらしい。

そのように理解すれば、なぜ重臣たちが整理されたのかがわかってくる。要するに、今後必要のない者は始末して、その分を一門や側近に与えたかったのである。磯野員昌にしても、谷口克広氏によると、甥の信澄に早く家督を譲らせようとしたのではないかという想像もできるという。なお、追い出された者たちのうち、佐久間は間もなく窮迫して死んだが、林と磯野の行方はわからない。丹羽は、徳川家康に仕えて天寿を全うしている。

信長に裏切られた人間としては、有名な山中鹿介《やまなかしかのすけ》（一五四五？〜七八）もいる。彼は、山陰の尼子《あまご》家の家臣だったが、主家が毛利家によって滅ぼされたため、家名再興の運動を始めた。もっとも、尼子の当主兄弟は、毛利家に拘束されただけで健在であったし、家名も絶えたわけではないから、これは少しおかしいのだが、その点は措く。

鹿介たちは、信長の後援を取り付けて山陰で活動したが、成功しなかったので山陽方面に出て、信長から中国方面の担当を命ぜられていた羽柴秀吉の下に付いた。そこでは鹿介らは、秀吉が敵方から奪った播磨上月《はりまこうづき》城の守備を受け持った。同志の中には躊躇《ちゆうちよ》する者もいたが、最前線の要衝を守れば信長の心証もよくなるだろうし、いざというときには、信長も秀吉も放ってはおくまいという鹿介の判断で引き受けたという。

尼子残党の動きを見過ごしておけない毛利方は、大軍を挙げて城を包囲した。別所《べつしよ》長治の三木《みき》城を攻撃中だった秀吉も応援に出たがどうにもならない。最終的には信長の判断を仰ぐことになって、彼らは見捨てられた。信長は、成否もわからない上月城の救援などはやめて、三木城攻撃に専念すべきだと考えたのである。結局、鹿介らのかついでいた尼子勝久は切腹させられ、城を出た鹿介は、毛利輝元のところへ送られる途中で暗殺された。

信長の判断は、理屈としては、そのとおりかもしれない。だが、頼ってきた人間を見捨てたことに変わりはない。秀吉は、そんなことでは西国の果てまで悪い評判を流すことになると反対したと「豊鑑《とよかがみ》」にあるが、それが世間の感覚というものでもあろう。

袂を分かった人たち

いったん信長に服属して、その陣営に入りながら、袂《たもと》を分かって敗滅するに至った者が何人もいる。そうなった経緯はまちまちで、必ずしも、信長に〈責任〉があるわけではないが、〈負け組〉には、そうした態様もあるという意味で、代表的な事例を見ておきたい。

敗滅の順でいうと、まず浅井久政（?〜一五七三）・長政（一五四五〜七三）親子がいる。浅井家は、北近江《おうみ》の京極家に属していたが、久政の父・亮政《すけまさ》の頃から自立して勢力を張るようになった。そのため主家を敵に回し、南近江の六角《ろっかく》家とも抗争したが、ともかくも領国支配を続けている。それには越前《えちぜん》の朝倉家の後援を得たことも大きかった。

そのうち隣国・美濃を織田信長が押さえたので、これとも提携するようになり、信長は、妹のお市を長政に嫁がせて結束を固めた。なお、お市は信長の実妹ではないという説もあるが、直接関係のある話ではないので立ち入らない。

そのままいけばよかったが、信長は足利義昭《よしあき》をかついで上洛した後、朝倉家と対立するようになった。そこに至るまでには、いろいろ伏線があるが、とにかく信長は、朝倉に痛撃を加えてやろうと、元亀元年（一五七〇）四月、自ら出動した。越前の隣国・若狭《わかさ》の国人の武藤某が将軍家に反抗的で、その背後には朝倉が付いているというのが口実であった。

信長は、浅井と提携するとき、朝倉と事を構えるときには、事前に相談して欲しいという条件を付けられていたという。だが、信長はそれを履行しなかった。板ばさみになった浅井家を困らせないほうがよいという配慮だったのか、浅井家をなめていたのか、それはわからない。徳川家康との関係を見ても明らかなように、信長には、本来対等の同盟者であるべきはずの者を家臣のように扱う傾向があるから、後者かもしれない。

ともかく浅井側は憤激して反信長の兵を挙げ、後方を遮断した。驚いた信長は、部下たちも応援の家康らも放り出して、ほうほうの体で逃げ帰った。「金《かね》ヶ《が》崎《さき》の退《の》き口」といわれ、当時まだ木下藤吉郎といっていた秀吉が殿《しんがり》を務めて大奮闘したことで知られている。それは事実だろうが、実際には秀吉とともに池田勝正、明智光秀も殿として残り、勝正がもっとも多くの人数を擁していた。勝正も光秀も終わりを全うしなかったため、功績をすべて抹殺されてしまったのである。〈負け組〉には、そうした形の不利もつきまとう。

その後、浅井家は朝倉家とも組んで、さんざん信長を苦しめたが、次第に形勢が悪くなり、居城小谷城を囲まれた久政・長政父子は、天正元年（一五七三）八月、自殺した。そうなった理由は、さまざまあろうが、反信長陣営の中核であった武田信玄の病が重くなり、この年四月に死んでしまったことが、もっとも大きいだろう。

次の松永久秀（一五一〇?〜七七）のことは、第一章で取り上げたし、第四章でもまた取り上げるので、簡単に触れるが、信長が上洛してきたとき、まず降伏し、その後、二度離反して、二度目に敗死した。

もともと、希代《きだい》の策謀家として知られた男であるし、信長のほうでも油断はしていなかっただろう。徳川家康らの前で、同席していた松永を面罵するようなことをいったという話も伝わっている。それでも信長が松永を二度許したのは、それだけ役に立つ人間と見たからだろう。元亀元年四月、信長が越前から無事に逃げ帰れたのは、松永の判断と働きによるところが大きかったという説もある。

丹波八上《たんばやかみ》城主だった波多野秀治《はたのひではる》（?〜一五七九）は、信長にかつがれた足利義昭が上洛してくると、これに従った。その後、義昭と信長が対立するようになると、信長側に属した。積極的に働いた形跡はないそうだが、とにかく信長陣営にいたのである。

同じ丹波の豪族であった赤井家も、同じような経緯で信長陣営に入っていたが、次第に反信長の姿勢を明らかにしたため、信長は、天正三年（一五七五）六月、明智光秀を丹波に差し向けた。この段階では、波多野家は、まだ光秀に従っていたが、翌天正四年一月、反旗をひるがえして、これと戦った。そこにどういう理由があったかは、よくわからないが、とにかく天正七年（一五七九）六月、居城を落とされるまで、抵抗を続けている。

八上の落城については、昔からいろいろ説があるが、光秀がひそかに城兵に働きかけて、秀治ら兄弟三人を捕らえさせたというのが真相のようである。彼らの最期についても、護送中に死んだという説もあるが、安土に送られて磔《はりつけ》にされたというのが事実らしい。

赤井家も、天正七年中に光秀に敗れ、当主の忠家（一五四九〜一六〇五）は国外に逃れたが、その後、秀吉に仕え、さらに関ヶ原では家康に従って、子孫は幕臣となった。これに対し、波多野家は断絶したが、大正四年（一九一五）、波多野秀治、同宗高（宗長のことか）に対して従三位が贈られるという意外な名誉回復が行われた。ともに後奈良《ごなら》天皇（本当は正親町《おおぎまち》天皇）の即位に当たって尽力したという〈勤王精神〉を評価されたのである。

別所《べっしょ》家は赤松一族で東播磨に大きな勢力を持っていた。信長が上洛した頃、若い当主の長治《ながはる》（一五五五?〜八〇）に代わって、叔父の吉親《よしちか》と重棟《しげむね》が家を切り回していたが、次第に吉親派と重棟派に割れるようになった。積極的に信長に接近したのは重棟だが、それでも、一時は、家を挙げて信長陣営に入る形となった。ところが天正六年（一五七八）二月、長治・吉親は織田から離反し、重棟はそのまま織田方にとどまることとなった。

そうなった理由ははっきりしないが、播磨平定の任務を与えられた羽柴秀吉がやってきて、別所家がその下に組み込まれようとしたので腹を立てたという説もある。おそらく背景には、吉親と重棟の対立があり、織田べったりの重棟に対して、吉親がいっそう織田不信の感情をつのらせるといったことがあったのだろう。

長治らは、毛利家や本願寺勢力などと連携して、織田勢を苦しめたが、次第に追い詰められ、本城三木も兵糧攻めにさらされる。長治・友之兄弟、吉親らが自殺するなどして城を明け渡したのは、天正八年一月のことであった。重棟の系統が豊臣―徳川大名となったが、江戸初期に勤務を怠って改易され、子孫は旗本となった。

荒木村重《あらきむらしげ》（一五三五～八六）は、先ほど名前の出た池田勝正に属していた摂津《せっつ》の土豪である。勝正が出奔した後、池田家の実質的指導者となり、足利義昭と信長が対立するようになると、信長側に付いた。その後、摂津の支配者となったが、天正六年十月、信長から離反した。

離反の理由については、村重に失態があって信長の嫌疑を受けたとか、明智光秀の謀略だったとかいう説があるが、ともに信用しがたい。信長に従っていても得策ではないことが見えてきたので、本願寺や毛利と提携して反信長に踏み切ったという解釈が当たっているだろう。信長と呼吸が合わなくなっていたことをうかがわせる話も伝わっている。

村重の離反には信長も困惑して、朝廷に依頼して毛利・本願寺と講和しようと考えたくらいだった。しかし、信長側の切り崩し工作によって、村重配下の中川清秀、高山右近《うこん》が信長方に寝返ってしまった。これで荒木の側は一挙に不利になったが、それでもかなりの期間、摂津有岡《ありおか》（伊丹）の居城でがんばってはいた。

手づまりとなった村重は、翌天正七年九月、わずかな供を連れて有岡を抜け出し、尼崎《あまがさき》城へ移る。ここで毛利軍と連携を取って巻き返しを図るつもりだったらしいが、そうはいかなかった。十一月有岡は開城し、村重の家族を含む大勢の人間が殺された。それでも、まだ村重は抵抗を続けていたが、天正八年三月、毛利家のもとへ逃げ込んだ。信長の死後、秀吉に召し出され、茶人としての余生を送っている。

信長から離反した人間で、唯一、信長打倒に成功したのが、明智光秀（?～一五八二）である。出自も経歴もいまだにはっきりしない人だが、足利義昭に従っていて、やがて信長にも属する形となり、義昭と手を切って信長に仕えたことはわかっている。光秀については、後にまた取り上げる。

当てが外れた人たち

本能寺の変の勃発で運命が一変した者は多い。羽柴秀吉を筆頭に、これで大儲けした人間も少なくないが、一挙に悲運の底に沈んでしまった例もいくらもある。

代表的なところでは、滝川一益《たきがわかずます》（一五二五～八六）がいる。一益は近江甲賀《こうか》郡の出身といわれるが、早くから信長に仕えて、しばしば戦功があった。取り立てられるのも早く、天正二年（一五七四）頃には、北伊勢《いせ》五郡を与えられている。

天正十年、信長が武田家を滅ぼすと、一益には上野《こうずけ》一国と信濃《しなの》の二郡が与えられて、東国に送り込まれた。彼の役割は、後世〈関東管領《かんとうかんれい》〉と呼ばれているが、上野を中心として関東の大名を信長の下に組織することと、この当時は一応協力関係にあった小田原の北条家への対応、奥羽の大名たちへの折衝などが含まれていたようである。

当時の人としては、すでに老境に入っていた一益には、気の進まない任務だったようである。信長にもその点はわかっていたから、これに乗って入国しろと秘蔵の名馬を与えるなど、気配りしている。他に適任者もいないので、やむをえない人事だったのだろう。

それでも、信長に万一のことがなければ、一益も、それこそ大過なく務めあげることができたに違いない。だが、間もなく本能寺の変が起きる。北条家は、たちまち態度を変えて攻撃を仕掛けてくるし、新たに配下となった上州侍たちにはやる気がない。敗れた一益は伊勢の本拠に逃げ帰らざるをえなかった。

その間、いわゆる「清洲《きよす》会議」が開かれて、今後の織田家の方向が決められたが、一益は間に合わなかった。というより、一益が来ないうちに事を運んでしまおうという秀吉の策略だったのだろう。こうして、一益は新たな〈織田政権〉の中心から外れてしまう。

その後の一益は、信長の三男・信孝、柴田勝家らと組んで秀吉に対抗するが、天正十一年（一五八三）の賤ヶ岳《しずがたけ》の戦いの結果、勝家も信孝も自殺に追い込まれた。降伏を余儀なくされた一益は、翌年、秀吉と信長の次男・信雄《のぶかつ》をかつぐ徳川家康との対決が始まると、秀吉側でひと働きしようとした。このときの一益の着想はよかったが、ツキに恵まれず失敗に終わり、越前に引退して死んだ。子孫は、徳川家の旗本となった。

ずいぶん運の悪い人だが、一益よりもっとツキがなかったのは、武田攻めの後、甲斐《かい》一国をもらった河尻秀隆《かわじりひでたか》（一五二七？～八二）であろう。本能寺の変の後、武田の残党が起こした一揆によって殺されてしまった。一揆の背後には、どうやら徳川家康がいたらしい。秀隆の対応にも問題はあったかもしれないが、これも信長が突然死ぬようなことがなかったら、無事に余生を送れた口であろう。

一益と提携した柴田勝家の場合には、本能寺の変の勃発が不運だったかどうかはわからない。勝家には林秀貞と組んで信長の弟・信勝を擁立しようとした過去がある。林が〈言いがかり〉をつけられて始末されたように、勝家もそうなった可能性は小さくない。ただ、信長が急死しなかったら、勝家があいう形で最期を遂げることはなかっただろう。

織田大名ではないが、信長の死ですっかり計算の狂ってしまった人物としては、新発田《しばた》重家（？～一五八七）がいる。重家は、越後《えちご》北部で大きな勢力を有し、上杉謙信さらにその養子の景勝に属したが、天正九年(一五八一)頃から、景勝と対立した。両者は交戦状態に入ったが、重家は織田信長と結んで対抗した。

本能寺の変直前の状況では、重家のほうが明らかに有利だった。上杉家は西の越中《えっちゅう》方面では柴田勝家率いる北陸方面軍に押されていたし、南の信濃方面からは別の織田勢が攻め上がろうとしていた。信長が急死することがなかったら、武田家に続いて上杉家が潰され、重家は確実に〈勝ち組〉に入っていただろう。

それが本能寺の変で一転した。その後、秀吉と提携した上杉家に対し、重家は信長から越中を与えられた佐々成政《さっさなりまさ》と結んで対抗した。その佐々も結局秀吉に降伏してしまったが、秀吉と織田信雄・徳川家康の対決が続いていれば、秀吉は重家を許したかもしれない。上杉勢を家康側に振り向けるためには、そうしたほうがよいからである。しかし、家康との講和が成立すると、秀吉は上杉家に重家攻撃を指示し、新発田家は滅亡した。

2 豊臣政権の〈負け組〉

豊臣秀吉によって、日本全国の統一が果たされ、豊臣家直轄領や皇室領、寺社領などを除く全国の土地が武士たちに分け与えられた。この時代には、一万石以上を大名とし、一万石未満を旗本とするような考え方は、まだなかったので、どこから大名とするかも問題だが、『日本史総覧』には豊臣時代の大名として二百七十数家が挙がっている。ただ、これらの中には、徳川家康の重臣のように陪臣《ばいしん》でも高禄である者が含まれているので、それらを除けば、二百三十数家というところかもしれない。

豊臣大名の中には、秀吉在世中に消えてしまった家も何家かある。跡継ぎがいなかったため無嗣断絶《むしだんぜつ》といったケースももちろんあるが、粛清や追放といった穏やかならざる話も少なくない。それらの代表的なもののいくつかを眺めてみたい。

粛清された人たち

秀吉に粛清された人物として、誰しも思い浮かべるのは、豊臣秀次（一五六八〜九五）であろう。秀次は、秀吉の姉の子で、早くから秀吉に取り立てられ、大封を与えられた。天正十九年（一五九一）、秀吉の嗣子・鶴松が夭折すると、養子となって関白職を受け継いだが、文禄《ぶんろく》四年（一五九五）謀反を企てたとして切腹させられた。

謀反云々というのは、単なる〈言いがかり〉であろう。また、「殺生関白《せっしょうかんぱく》」と呼ばれていたとして、性格の悪さや不行跡が伝えられているが、どこまで本当であるかはわからな

て長宗我部元親《ちょうそかべもとちか》、十河存保《そごうまさやす》らを豊後に送ったとき、軍監（軍目付）となったが、軍監風を吹かせて、元親、存保の意見を聞き入れず、拙劣な作戦をやって大敗した。その結果、存保と元親の長子・信親が戦死したが、張本人の秀久は逃げてしまった。秀吉も激怒して、秀久に与えてあった讃岐《さぬき》を取り上げて追放し、讃岐は尾藤知宣に与えられた。

尾藤も秀吉の子飼いで、勇猛さを愛されていた人物である。秀吉の弟・秀長に従って日向《ひゅうが》高城の攻城に当たったが、天正十五年四月、城の救援に島津勢がやってきたとき、失態を演じた。戦いそのものは、島津勢が攻めきれずに敗退したが、そのときの尾藤の対応が問題になった。といっても、諸書の記述がまちまちで、なにがどう悪かったのかよくわからないのだが、とにかく尾藤はけしからんということで、彼は追放されてしまう。

このとき尾藤の部隊がはかばかしい働きをしなかったことは、事実だったらしいが、「南海治乱記」によると、それはにわかに讃岐に入部したためであったという。尾藤の入国は、天正十五年正月のことだが、前年の年貢は前主の仙石が収納してしまっていたし、この年の分は間に合わない。やむなく寺社領や神社仏閣の敷地を検地したり、商家遊民にまで課役してみたが、仙石の三分の一ほどの軍仕度もできなかったというのである。

仙石は、その後、高野山で謹慎していたが、天正十八年の小田原攻めのとき、徳川家康を頼って従軍し、功を認められて五万石の大名として復活した。子孫は、徳川大名となって、明治維新まで続いている。一方、尾藤は、小田原攻めの後、奥羽に向かう秀吉に会って赦免を願ったが、許されずに殺されたとも、それ以前に奈良で病死したともいわれている。二人の間に、どうしてこんな違いが出たのかはわからない。

九州攻めの余波としては、論功行賞によって肥後《ひご》の大部分を与えられた佐々成政（?〜一五八八）が、統治に失敗して所領を没収され、切腹を命ぜられている。信長から越中一国を与えられていた成政は、小牧の戦いのとき、途中まで秀吉と同盟する形をとっていたが、突然態度を変えて織田信雄・徳川家康側に与した。しかも家康らが秀吉と講和した後も抗戦を続けようとしたため、天正十四年、秀吉の攻撃を受けて降伏した。殺されても仕方のないところだったが、ともかく生命と越中の一郡を取りとめていたのである。

成政は、肥後入国に当たって、国人《こくじん》たちには従来どおり知行を許し、三年間は検地を行ってはならないといったきびしい条件を付けられていた。しかし、自身の家臣を多数抱えている成政には、この条件は守りきれない。その結果、ただでさえ一人一党的意識の強い国人たちの反発を招き、大規模な一揆が起きた。他の諸侯の援助によって、なんとか鎮圧したものの、その責任を問われたのである。秀吉は、あらかじめこうした結末を読んでいて、うるさい成政とうるさい国人たちを一挙に始末したのだという辛辣《しんらつ》な解釈もある。

秀吉の天下一統が完了した小田原攻めの後には、織田信長の次男・信雄が改易されている。そのことはすでに三一頁で触れたし、信雄のその後については、また後に述べる。

この小田原攻めのとき、奥州の大崎・葛西《かさい》両家は、参加が遅れたことをとがめられて所領を没収され、遺領三十万石は、木村吉清（?〜一五九八）・秀望（?〜一六一五）父子に与えられた。しかし、小禄から成り上がったこともあって、統治に問題が多く、大崎・葛西の遺臣に一揆を起こされ、翌天正十九年改易された。もっとも、吉清は二年後に豊後で一万四千石を与えられて復活し、その没後は秀望が受け継いだ。その秀望は、関ヶ原で西軍に加わったため、また失領し、のちに大坂城に入城して、夏の陣で戦死している。

秀吉の朝鮮出兵では、大友義統《よしむね》（一五五八〜一六〇五）、島津忠辰《ただとき》（一五六五〜九三）、波《は》多親《たしん》（生没年未詳）の三人が改易されている。いずれも「臆病者《おくびょうもの》」の烙印《らくいん》を押されたところは共通だが、事情は、それぞれ違っている。

大友義統は宗麟《そうりん》（義鎮）の息子で、豊後一国三十七万八千五百石余を与えられていた。朝鮮に渡って鳳山《ボンサン》の城を守ったが、文禄二年（一五九三）正月、明国の大軍が南下してくると聞くと、前方にいる味方の援護をすることなく城を捨てて逃げてしまった。秀吉の怒りを買って除封されたのも当然だが、命は助かって、毛利家さらに佐竹家と預けられた。関ヶ原のとき、旧臣を集めて再挙を図り、東軍の黒田如水（孝高）と戦ったが、敗れて降参した。今度も命は取りとめたが、秋田家に預けられ、幽閉されたまま死んだ。

島津忠辰は、三万一千九百余石を領していた者で、一族の島津義弘の与力として渡鮮したが、病気だといって進軍しなかったため、改易されて小西行長に預けられた。間もなく病死したということであるから、本当に健康を害していたのかもしれない。肥前松浦《ひぜんまつうら》で八万石を領していた波多親は、鍋島《なべしま》直茂の与力とされていたが、釜山《プサン》に上陸したまま動かなかった。それで仮病をかまえたとして改易され、黒田家に預けられたが、その後赦免されたという説もある。また、改易追放されたのは、彼の父親であったという説もある。

3 〈勝ち組〉内部の天下争い――本能寺・賤ヶ岳・小牧

本能寺の変

〈負け組〉には天下の争奪に関わった者とそれに関係のなかった者がいるが、前者には、元は〈勝ち組〉の中にいた者が多いということは、冒頭からいっているとおりである。

織田政権でいえば、本能寺の変がそういうものであった。これは誰でも知っているように、天正十年（一五八二）六月二日の未明、明智光秀が主君の織田信長を京都の本能寺に襲って殺し、次いで信長の長男で後継者でもある信忠を二条御所に襲って殺したというものである。光秀は織田家の重臣で、丹波亀山と近江坂本の城主であり、高柳光寿《たかやなぎみつとし》氏流にいえば、〈近畿管領〉とでもいうべき立場にいた人間である。

この事件について書かれたものは山ほどあるが、今もってわからないことが多い。たとえば、光秀は、なぜ突然謀反など起こしたのかということが明らかでない。信長に怨みがあったからだと昔からいわれていて、これが理由だというものが、いくつも伝わっている。だが、そういう話をチェックしてみると、怪しいことだらけなのである。

そもそも怨みがあるから、どうしても信長を殺したいというだけなら、光秀本人が信長を刺してしまえば足りた。忠臣蔵の「松の廊下《ろうか》」を演ずればよかったのである。その機会はいくらもあっただろうし、戦場往来の光秀なら浅野内匠頭《たくみのかみ》のような不手際《ふてぎわ》はやらなかっただろう。しかし、彼はそうせずに大規模なクーデターの道を選んだ。

それは光秀が天下人になりたかったからだという解釈も、もちろんある。実際にも、彼は、事件後、天下取りに向けて手を打っている。だが、それで割り切れるかというと、必ずしもそうではない。結局は、本人に聞いてみるよりほかないのかもしれない。

最近では、この事件を光秀の「単独犯行」とは考えず、彼には黒幕がいたとか、共謀者がいたとかいう類の「謀略史観」的見方が広がっている。量的には、従来の「単独犯行」

説を圧倒する勢いだが、質的には、まったくお話にならない。動機の問題なども含めて、詳しいことは、二五頁で挙げた『信長は謀略で殺されたのか』をご覧いただきたい。

光秀のクーデターによって、本来であれば、〈勝ち組〉内部の再編成、〈負け組〉になりそうだった者の逆転、〈負け組〉となっていた者の復権といった現象がセットになって起きてもよかったはずであった。しかし、光秀の天下は、わずか十二日間で終わってしまった。俗に「三日天下」といわれる所以《ゆえん》である。

なぜそうなってしまったのか、それは光秀本人の責任だったのかといったことは、次章で扱うが、問題は、そのために本来なら起きるべきであった現象が、不徹底な形でしか現れなかったことである。結果としては、光秀主従と彼に与党した若干の者たちが、いったんは〈勝ち組〉となりながら、結局、〈負け組〉となるというだけの結末となった。

信長が、もし病死でもしていたら、光秀が取って代わる目は、まずなかった。信長には、成人した息子が三人もいたし、家中には、光秀より格上の者もいれば、同格程度の者も何人かいた。信長の同盟者だった徳川家康も、光秀よりずっと大きな勢力だった。〈継承順位〉でいえば、光秀は六番手か七番手くらいだったに過ぎない。

それをクーデターという手段で、一気にトップに躍り出たのだから、もともと無理はある。自分より〈継承順位〉の高かった者が敵に回るだろうくらいのことは、光秀としても、織り込み済みであったに違いない。彼としては、それら対立候補に従っている連中を切り崩したり、態度を決めかねている連中を取り込んだりして勢力を拡大し、対立候補の足並みが揃わないうちに各個撃破していくことが必要であった。

家中の多数派工作で足りなければ、外部の勢力と結ぶことも考えなければならない。光秀が信長を殺したというのは、最大与党のワンマン党首を党の幹部が葬ったようなものだから、与党内で勢力を広げるのは、そう容易なことではない。むしろ、野党と連携したほうが手っ取り早いだろう。連立を組めないまでも、野党が野党らしい働きをして、他の対立候補たちの足を引っ張ってくれれば、それだけでも十分意味はある。

光秀は、もちろんそういう努力を怠ったわけではない。まず、京都と信長の本拠のある近江を制圧するなど、足元から固めにかかった。あとは畿内から近国へと勢力を拡大してゆけばよい。野党的勢力に対しては、中国の毛利、越後の上杉、紀州の雑賀《さいか》衆・根来《ねごろ》衆などとの提携を図ったことがわかっている。史料が残っていないというだけで、四国の長宗我部、関東の北条などとも連絡を取ったであろうことは、容易に想像できる。

毛利、上杉の両家は信長勢と交戦中で、いずれも押されつつあった。長宗我部家は、まさに攻撃を受けようとしていた。北条家も次第に信長の支配に組み込まれようとしていた。それが信長の死によって状況が変わった。といっても、光秀の没落が早過ぎたし、秀吉が織田政権を継承する形となったため、さしあたり〈負け組〉となるのを免れただけのことで、〈勝ち組〉となれたわけではない。与野党逆転劇などは、起きなかったのである。

毛利家の場合でいうと、本能寺の変直後に秀吉にだまされて、信長を相手とする講和を締結している。その際、毛利側は領国のうち五ヶ国を割譲してもよいといったが、明文化されないままだった。それが秀吉との間でまた蒸し返され、すったもんだの末、かなり負けてもらうことができた。成功といえば成功だが、領地を失ったことには違いない。

上杉家は、その後、秀吉と手を結んだので、本領を保つことができた。長宗我部、北条がどうなったかは、前章で見たとおりである。紀州の諸勢力にしても、信長の葬儀が終わるか終わらないかの時点から、秀吉に喧嘩を売られ、三年後には壊滅に至っている。

本能寺の変に乗じて、〈負け組〉が反撃を図った例もある。信長に追放された安藤守就のことは、七七頁で取り上げたが、彼は文字どおり、失地回復の挙に出た。しかし、それは失敗に終わって、彼とその息子たちは、光秀より一足先に敗死してしまった。

織田家に怨みのある土豪たちが決起するということも各地であった。竹中半兵衛の弟の重矩は、そうした地侍の一揆と戦って殺されている。紀州雑賀でも、それまで逼塞《ひっそく》していた反織田派の連中が群がり起こって、織田派の者たちを駆逐している。しかし、光秀の没落が早過ぎて、こうした動きが天下の形勢に影響を与えることはなかった。

賤ヶ岳の戦い

明智光秀が「三日天下」に終わると、宿老たちにより織田家の家督選びが行われた。秀吉の意見が通って、信長の長男・信忠の息子に決まったことは三〇頁で述べたとおりだが、秀吉の場合も、光秀と同様、信長があいう死に方をしなかったら、これと取って代われるような位置にいたわけではない。もちろん、誰を擁立するかの話し合いになった場合でも、さほど大きな発言力を発揮できる立場ではなかった。ところが、主君の弔《とむら》い合戦を果たしたという〈実績〉を引っさげてしゃしゃり出てきて、家督のことから信長の遺領の分配に至るまで、一切を仕切ってしまったのである。

俗に「清洲会議」と呼ばれるこの話し合いは、秀吉と柴田勝家・丹羽長秀・池田恒興《つねおき》の四人によって行われたが、丹羽と池田は、最初から秀吉側にいたようだ。というより、谷口克広氏も指摘しているように、秀吉が〈お手盛り〉で自分を含めた三人を「宿老」ということにし、勝家の到着を待って会議を催したというのが実情であろう。

丹羽長秀はともかく、池田恒興などは、秀吉や勝家と肩を並べられるような格の人間ではない。確実に一票が見込めるから、秀吉が彼は信長の乳兄弟であるとかなんとか理屈を付けて〈底上げ〉したのであろう。その一方で、滝川一益が加わっていないのは、自分に賛成してくれそうもないから、彼の帰還を待たずに会議を開いたとしか思えない。

秀吉は自分の主張を通したが、三歳の幼児では、なにもできないことは自明だから、とりあえず信孝を後見役にして、これを預けた。そうなると兄の信雄がおさまらない。彼は無能な人間だったが、野心だけは人並み以上に持ち合わせていた。なんとか信孝に対抗したい信雄と、本音では信孝より丸めこみやすい信雄と組みたい秀吉の利害が一致して、二人は提携した。当時の史料を見ると、秀吉はなにごとにも信雄を表面に押し立て、自分の野心の隠《かく》れ蓑《みの》にしていたことが明らかである。

これでは、そのままますんなりおさまるはずはない。やがて織田信孝・柴田勝家・滝川一益の三人を中心とする反秀吉派が結成される。勝家は、清洲会議で信孝を擁立したと一般に伝えられているが、その確証はないようである。また、勝家本人には、積極的に天下を狙うという姿勢は見当たらない。むしろ、織田政権が秀吉に〈横領〉されることを、織田家の大番頭として、なんとか食い止めたかったという感じである。

信孝も、それを見込んで勝家に接近していったのかもしれない。信孝は、世間からは多少能力のある人間と見られていたし、多少の気概もあった。秀吉ごときに、織田家を牛耳らせたくないという点では、勝家とまったく同じ思いだっただろう。「宿老」の列からも外されて、不平満々の滝川一益も勝家に接近した。

こうして〈勝ち組〉織田政権内部における対立図式が鮮明になっていったが、そこにいた者たちが、すべて旗幟《きし》を鮮明にしたわけでもない。丹羽長秀などは、ぎりぎりまで中立を装っていたし、実質的には織田政権の一員であった徳川家康などは、いずれにも加わらないという態度を取った。また、秀吉方、勝家方とも、相手陣営の切り崩しを図ったし、それぞれの陣営には相手方に内通している者がいた。

秀吉、勝家ともに外部の勢力にも協力を求めている。秀吉は、家康はもちろん、越後の上杉景勝、中国の毛利一族などに働きかけた。信長の代に、俗世の政治から手を引かせた本願寺にも呼びかけ、北陸の門徒を蜂起させたら所領を還付するなどといっている。

勝家も負けてはいない。彼は、信長に追い出された将軍・足利義昭をかつぐつもりだったようで、義昭を通じてあれこれ工作している。また、織田信孝の線からも毛利や四国の長宗我部を動かそうとし、高野山、雑賀衆、根来衆などの紀州の諸勢力や伊賀衆とも結ぼうとした。東方では、家康はもとより奥州の伊達家との提携なども考えている。

その後の経過については、よく知られているとおりで、天正十一年（一五八三）四月二十一日の近江賤ヶ岳の一戦で大敗した勝家は、三日後に越前の居城で腹を切ることになった。岐阜の織田信孝も五月二日に自殺に追い込まれた。しばらくがんばっていた滝川一益も、七月には秀吉に降伏せざるをえなくなった。

こうした結果、秀吉に加担した者たちが〈勝ち組〉になったのは当然だが、勝家側に加わった者がすべて〈負け組〉になったかというと、そうではない。勝家の与党で能登《のと》の領主だった前田利家などは、領地を失うどころか、かえって秀吉から加増されている。戦いの最中に実質的な〈裏切り〉をやったことが評価されたからである。

利家と同じく信長時代から勝家の与力だった金森《かなもり》長近、不破《ふわ》直光なども、加増こそなかったものの、身上は無事だった。あらかじめ、話し合いがついていたのかもしれない。越中を領していた佐々成政も、勝家に与党していたが、在国したままで戦闘に関わらなかったせいか、勝家滅亡後は、秀吉と提携する形になっている。

織田政権内部でも、そうしたかなり曖昧《あいまい》な決着に終わったくらいだから、外部の勢力に至っては、なおさらである。賤ヶ岳の戦いの結果によって、直ちに〈勝ち組〉〈負け組〉地図が書き換えられることはなかった。毛利家などは、中立を装いながら、裏では織田信孝と結託していたが、彼らが滅亡してしまうと、なに食わぬ顔で秀吉と交渉を続けた。その結果、前に口約束した領土の割譲を値切れたわけである。

小牧の戦い

旧織田政権の〈勝ち組〉連中が再整理される機会は、賤ヶ岳の翌年に起きた小牧の戦いのときにもあった。これは織田信雄と徳川家康が組んで秀吉と争ったもので、きちんと結末がついていたら、外部の勢力を含めて〈勝ち組〉〈負け組〉地図の大幅な塗り替えが行われたはずであった。ところが、これもまた曖昧な決着に終わってしまった。そうなったのは、多分に秀吉側の思惑によるものであった。

その経緯を簡単に説明しておくと、天正十二年（一五八四）の初め頃には、信雄と秀吉との仲がギクシャクしていることが表面化してきた。余り頭のよくない信雄も、自分は〈看板〉として利用されているだけだということにようやく気がつき始めたらしい。

この年三月、信雄は、秀吉が自家の家老三人を籠絡《ろうらく》して寝返らせようとしたというので、彼らを誅殺した。これは、秀吉に対する〈宣戦布告〉といってもよい。といっても、独力では戦えないから、徳川家康に応援を求め、家康もこれに応じた。

これが定説的にいわれてきたところである。本来家康は、秀吉・信雄両者の対立とは無関係だったが、先代信長との友誼《ゆうぎ》を重んじて、まったくの義侠心から手を貸したのだということになっている。だが、それは〈徳川様御用達史観《ごようたししかん》〉の名残《なごり》というものである。天下に色気のあった信雄が、このまま秀吉に天下人になられては大変だと考えたのは当然としても、家康だって思いは同じだったはずである。

この時点で、家康が天下取りまで考えていたかどうかは疑問だが、秀吉が野放図《のほうず》に勢力を伸ばして天下人の座に就くようなことになったら、自家の存立すら危うくなりかねない。また、秀吉に謀られて、自分が織田家と対決しなければならない立場に追い込まれたりしたら、たまったものではない。家康は、武田家滅亡後、信長から駿河《するが》を与えられたが、信長の死後に本来織田領であるべき甲斐、信濃を切り取ったりしているから、秀吉がその気になれば、口実は十分ある。

状況を考えると、家康のほうから信雄をたきつけたのではないかというのが、高柳光寿氏などの解釈である。実は、秀吉自身も、当時、常陸《ひたち》の佐竹家に送った書状の中で、今回のことは、家康が邪心を抱いて、若い信雄をたぶらかしたのだといっている。たしかに、秀吉にしてみれば、ここで信雄と喧嘩《けんか》するメリットなどなにもない。

そういうことで戦いが始まったが、旧織田政権にいた者の多くは秀吉側に加わった。スジ論でいえば、故主の息子の信雄に付かねばならないはずだが、秀吉から離れて信雄側に加担したのは、佐々成政など少数であった。また、賤ヶ岳の場合と同様、両陣営とも外部の勢力に働きかけたが、全体として見れば、秀吉方のほうがよほど優位にあった。

それは戦局にも反映された。戦闘（battle）では、たしかに信雄・家康側が勝利した場面もあったが、戦争（war）としては、完全に秀吉側が押していた。信雄・家康陣営は、次第に追い詰められていった。信雄などは、伊勢・尾張《おわり》の自領を戦場とされたうえに城をいくつも取られたし、家康も、兵員不足を補うために、農村に総動員をかけなければならないような有様だった。そうした状況は、当時の史料を見ればよくわかる。

それにもかかわらず、プロの学者を含めて、実質は家康側の勝利だったと見ている人も多い。秀吉は、家康の手並みに恐れをなしたので、以後の天下支配に支障を来したようなことをいっている人もいる。そういう人たちは、戦闘と戦争の区別がついていないのだが、その後、秀吉側が下手《したで》に出ているような場面があるので、なおさら見誤るのかもしれない。しかし、それはまったく秀吉の都合によるもので、家康の力によるものではない。

小牧の戦いが一段落すると、秀吉は、翌天正十三年、まず紀州を攻めて足元を固め、同じ年に四国も平定した。天正十五年には九州も平定した。その気になれば、家康を潰せたはずであるのに、そうはしなかったのである。その家康も、天正十四年中には服属しているから、東日本を先に制覇する気なら、ますます容易になったはずだが、そちらには目もくれなかった。関東・奥羽方面に手を出したのは、天正十八年のことである。

秀吉が徹底して西に目を向けていたことは明らかだが、実は、故主の信長も〈西向き〉人間だった。彼が死んだとき、本能寺に宿泊していたのは、中国方面を担当していた秀吉の応援要請に応えるためであったが、それだけではなかった。この際、毛利家を打ち破ったならば、一挙に九州まで平定するつもりだと本人が明言していたことが『信長公記』にある。また、その時点では、四国攻めも始まろうとしていた。

当時、海外との通商拠点の多くは九州にあった。したがって、九州全島を支配する者が出てくれば、その点だけでも、大変な力を持つことになる。信長としては、それを阻止するとともに、自らが巨大な利権を手中にするつもりだったのだろう。宣教師ルイス・フロイスは、信長には、大艦隊を編成して中国大陸を征服する計画があったと記しているから、それが本当なら、その準備のためにも九州制覇を急ぐ必要があっただろう。

信長の場合には、ただの憶測かもしれないが、秀吉は、実際に中国大陸への進出を試みている。実行したのは後のことになるが、そうした意図は、史料から見た限りでも、天正十三年九月頃には表明されているから、早くから暖められていたに違いない。そうであれば、水軍の基地や船舶、乗員を確保するためには、早く九州を固めておくことが不可欠である。四国や紀州も船舶や乗員の供給源として重要であることはいうまでもない。

秀吉とすれば、信雄・家康を痛めつけ、とにかく頭を下げさせてしまえば、それ以上、東方で時間を取りたくはなかったのだろう。彼の天下取りの仕上げとなった北条家との対決にしても、相手がさっさと白旗を掲げてくれれば、戦争などしなかったに違いない。

ということで、旧織田政権〈勝ち組〉の再整理は、関ヶ原の戦いまで持ち越されることとなった。豊臣家にとっては、禍根《かこん》を残したといえるが、それは秀吉の自業自得といったものである。ただ、秀吉の天下取りの過程で、旧織田政権の外部にいた勢力は、すべて整理されたから、豊臣政権は、本当の意味での全国政権ということになった。

4　関ヶ原での決算

関ヶ原とはなにか

関ヶ原の戦いは、改めて説明するまでもなく、慶長《けいちょう》三年（一五九八）八月の豊臣秀吉の死を契機として始まった。秀吉には、後継者として実子の秀頼がいたが、数え年六歳の幼児に過ぎない。当然、誰かが代わって天下の差配をしなければならない。

そうした状況は、本能寺の変後の織田家とやや似たところがある。あのときは、秀吉の画策によって信長の孫である幼児（後の秀信）が家督に座った。だが、これは誰が見ても傀儡《かいらい》で、実権は秀吉が手にしようとしていた。それに我慢できない者たちとの間に衝突が起こり、賤ヶ岳の戦いになったことは、すでに見たとおりである。

秀頼は秀信と同じ立場にいたが、あのときの秀吉に当たるのが家康である。もっとも、家康は特に秀頼を推したわけではないし、豊臣家子飼いの人間でもない。よく引かれるタトエだが、大企業のオーナー社長だった者が、より大きな企業に吸収合併されて、副社長に座ったようなものである。しかし、秀吉が弔い合戦の〈実績〉を押し出したように、社内での〈実績〉を背景にして乗っ取りを図ったところは共通である。

秀吉側は、前田利家を秀頼の後見役に付けることによって、なんとか乗っ取りを防ごうとはしていた。秀吉と利家は、若い頃から関係が深く、賤ヶ岳の戦いのときも、利家の〈裏切り〉で勝ったようなところがある。その意味では、天下取りの盟友でもあった。利家がずっと健在であったら、豊臣家の将来も少し違ったものになっていたかもしれないが、彼は、秀吉の死後、半年ほどで死んでしまった。

実は、石田三成なども、利家在世中は、彼を押し立てて家康に対抗しようとしていた。三成は、「関ヶ原」という一大ドラマの一方の主役を務めたために、当時から大きな存在だったかのように錯覚されやすいが、中級の豊臣大名だったに過ぎない。家康が実力派の副社長であったとすれば、本社の企画部長くらいの存在でしかなかった。だから利家を擁して戦おうとしたのだが、それもいなくなっては黒子に徹するわけにはいかない。

こうして家康VS三成という対決図式ができあがってゆくが、三成は勝ったところで、直ちに自らが天下人となれる位置にいたわけではない。それは本人もよくわかっていただろう。だから、家康打倒の挙兵に当たっても、名目上の総帥《そうすい》としては、いわゆる五大老の一人で、利家よりももっと勢力の大きい毛利輝元を立てている。

三成は、とりあえず豊臣政権が他家に乗っ取られるのを防ぎ、自分が軸となってこれを切り回すことを考えたのであろう。その立場は、織田家における柴田勝家と似たところがあるが、地位はよほど低い。豊臣の家臣である三成が主家のために尽くそうとするのは、人臣として当然の行為である。家康の孫の水戸《みと》光圀《みつくに》もそういっている。

江戸時代の御用学者の間では、三成は謀反人《むほんにん》だという主張があったが、三成らの旗揚げには、豊臣家のいわゆる五大老のうち家康と死んだ利家を除く三人、いわゆる五奉行のうち三成本人を含む四人が賛同している。形式論からいえば、謀反人だったのは家康のほうである。しかし、それだから家康は理不尽だったともいえまい。もともと、彼は秀吉に取り立てられた人間ではない。力関係で秀吉に服属していたに過ぎないのだから、その秀吉がいなくなった以上、天下取りに名乗りを挙げたところで、別に不当ではない。

三成については、忘恩の徒のように罵った人が明治以後になってもまだいた。彼が加藤清正らに狙われたとき、家康がかばったとして、そう主張するのだが、真偽は疑わしい。仮に事実であったとしても、それはまったく家康側の都合によるものである。それをいうなら、秀吉に潰されずに済んだ家康も、もっと秀吉に感謝しろということになる。しかし、それもすべて秀吉の都合であったことは、すでに見たとおりである。

ということで、これは家康と三成のどちらが正しかったというような話ではないが、どちらが勝ったとしても、それまで勝者だった者たちに再び〈篩《ふる》い分《わ》け〉を迫る事件であった。その意味では、賤ヶ岳や小牧と共通するところがあるが、今回は規模が違う。あのころ存在していた外部勢力は消えて、日本全土が豊臣政権の下に入ってしまっている。

応仁《おうにん》の乱も日本を二分したといわれるが、実際には、東日本と九州の大部分は関わっていない。また、戦乱そのものも曖昧な決着に終わっている。しかし、関ヶ原の場合には、日本中ほとんどすべての諸侯が巻き込まれ、本当に中立を保てた家は数えるほどしかなかった。戦い自体は、慶長五年（一六〇〇）九月十五日ただ一日の戦闘で決着が付いたが、それにより、〈勝ち組〉と〈負け組〉の仕分けがはっきりした。

どちらが勝ったとしても……といったのは、そういう意味だが、これには異議を唱えたい人も大勢おられるだろう。関ヶ原があああいう結果になったのは、初めからわかっていたかのような議論がはびこっているからである。だが、これこそ結果論の最たるものである。当時の人たちだってバカではない。最初から結果が見えていたら、誰しも勝ちそうなほうに加わるに決まっている。決戦などするまでもなく勝敗は決まってしまっただろう。

家康は不世出の大人物であったから、三成ごときが敵しうるはずもなく、勝つべくして勝ったのだなどといいたがる人も多い。だが、現実の戦いをチェックしてみれば、どちらが勝ってもおかしくないところまでいってしまったことが明らかである。〈小物〉の三成にそこまで運ばれるとは、家康の大物ぶりも知れたものではないか。

結果を知ってものをいえば、なんとでもいえる。だが、そうやってどんな名論卓説を展開してみたところで、しょせんは「後ろ向きの予言」に過ぎない。そういう人たちは、もし西軍が勝っていたら、彼らは勝つべくして勝ったのだとして、その所以を得々と解説してくれていたに違いない。

関ヶ原で〈勝ち組〉〈負け組〉が明確になったといっても、天下の行方が確定するのは、元和《げんな》元年（一六一五）五月の大坂落城を待たねばならない。だが、関ヶ原の〈勝ち組〉で大坂方に加わった者はほとんどなく、〈負け組〉ばかりが集った。もし大坂方が勝っていたら、〈勝ち組〉〈負け組〉の大逆転が起こったはずであり、その可能性もあったが、結果は、豊臣家が滅亡した以外は、関ヶ原で決まった線引きを再確認しただけに終わった。

西軍に加わって没落した家・しなかった家

関ヶ原で西軍に加わった家は、すべて〈負け組〉になったと考えたくなるが、必ずしもそういうわけではない。そもそも西軍側に立った大名が何家あったかを確認するのが意外に難しい。宗家と分家で去就《きょしゅう》を異にしたり、同じ家が二股かけたり、はなはだしくは本人が途中から帰属を替えたりした例がいくらもあるからである。

たとえば、九月十五日の本戦に西軍側に陣を連ねた者は西軍としてよいかというと、そういうわけにはいかない。その中には、戦い半ばで背後から味方を襲った小早川《こばやかわ》秀秋やそれに連動して裏切った者が何人もいる。また、吉川《きっかわ》広家のように、自隊ばかりか事情を知らない毛利宗家などまで巻き込んで不戦観望に終始し、戦闘の行方に大きな影響を及ぼした者もいる。これらを西軍としてカウントすることはできないだろう。

一方、広い意味での関ヶ原の戦いは、本戦の行われた場所に限らず、各地で展開されたから、他の地域で戦った者も数多くいる。信濃上田の居城を守って家康の子・秀忠の大軍と戦った真田昌幸などが、その適例である。こういうのはわかりやすいが、西軍寄りの姿勢はありながら、ずっと中立を装った常陸の佐竹義宣《さたけよしのぶ》のような例もある。

幕臣・小田彰信《おだあきのぶ》が江戸後期に編んだ「廃絶録《はいぜつろく》」は、関ヶ原の責任を問われて知行を没収された大名として八十二名、知行を減らされた大名として七名を挙げている。その中には首謀者の石田三成を初めとして昌幸や義宣も含まれている。徳川家が〈戦犯〉としたのはそこまでということかもしれないが、それだけでは十分とはいえない。

この点について、精細な統計をつくられたのは、蒲生眞紗雄氏である。氏は、『日本史総覧』の豊臣大名表をベースとして、東軍に属した家八十五、西軍に属した家百一、その他三十八というように分類された。西軍に属した百一家の中には、佐竹義宣や毛利輝元など実際には戦闘に加わらなかったものも含まれている。一方、小早川秀秋ら裏切り組や真田家のように父子で帰属を異にしたような場合は、その他の三十八家に入っている。

蒲生氏によると、西軍に属した百一家のうち八十七家が改易されたが、そのうち二十九家の当主は、戦死、刑死、自殺、謀殺などの形で命を落としているという。戦死した者には、本戦においては島津豊久（日向で二万八千石余）、戸田勝成（越前で二万石）、平塚為広（美濃で一万二千石）らがおり、地方で居城を守って死んだものとして、山口正弘（加賀で六万石）、その子・修弘《なおひろ》（同一万三千石）らがいる。刑死したのは石田三成（近江で十九万四千石）、小西行長（肥後で二十万石）、安国寺恵瓊《あんこくじえけい》（伊予《いよ》で六万石）らである。

自殺者としては、戦場で死んだのは、三成の盟友・大谷吉継（越前で五万石）くらいであるが、後に死んだ者は数多くいる。長束正家《なつか》（近江で五万石）、原長頼（美濃で三万石）、赤松則英（阿波で一万石）などがそれである。大垣城を守った福原長尭《ながたか》（豊後で六万石）は開城時の約束が守られず、自殺に追い込まれた。小野木公卿《おのぎきみさと》（丹波で四万石）も似たようなので、自殺というより処刑に近い。謀殺されたのは、大垣城を守っていて裏切った味方に殺された熊谷直盛（豊後で一万五千石）、垣見一直《かきみ》（豊後で二万石）らである。

後述するように、改易組の中にも、後に大名として復活した家が何家かあるが、蒲生氏によると、この二十九人の子孫には、そういう者は一人もいないそうである。二十九家は、すべてが断絶したわけではなく、長束家のように陪臣（大名の家来）となって家名を存続させたような例はあるが、大名はおろか幕府の旗本となった家もなさそうである。彼らこそ、正真正銘の〈負け組〉というべきかもしれない。

残る改易組のうち、十万石を越える身代の者を挙げておくと、五大老の一人・宇喜多《うきた》秀家（備前で五十七万四千石）、長宗我部盛親（土佐で二十二万二千石）、前田利政（能登で二十一万五千石）、五奉行の一人・増田《ました》長盛（大和で二十万石）、立花《たちばな》宗茂（筑後で十三万二千石）、毛利秀包《ひでかね》（筑後で十三万石）、丹羽長重（加賀で十二万五千石）といった面々がいる。秀吉に擁立されて織田家の家督に座った美濃岐阜城主の織田秀信（十三万三千石）も改易された一人で、出城後、間もなく病死している。

減封となったのは上杉景勝（陸奥で百二十万石）、佐竹義宣（常陸で五十四万六千石）、毛利輝元（安芸で百二十万五千石）、吉川広家（出雲で十万石）、毛利秀元（周防で二十万石）の五人である。元の禄高が大きい者が多いだけに、減封となった石高も大きく、五家合わせて二百三十二万石にも及んでいる。ちなみに、これらを含め、関ヶ原の結果、改易・減封で取り上げられた石高は、全国総石高の三四パーセントに当たるという計算があるから、その分だけ豊臣政権の〈勝ち組〉の再編成が行われたということになる。

　上記の五家は減封だけではなく転封にもなった。あらかじめ家康に内通していた吉川広家までが、そういう処分を受けたとは不思議だが、実は、家康は毛利家を改易して、広家に大封を与えるつもりでいた。それを知った広家が自分に与えられるべき分を宗家に与えてくれるよう懇願し、そういう運びになったのである。

　だが、宗家のほうは広家に感謝しなかった。広家が余計な策動をしなければ、本戦は西軍の勝利となったかもしれず、そうなれば〈毛利幕府〉ができていたかもしれないという思いがあったからである。これらの五家は、なんとか江戸時代を生き抜いたが、周防岩国の領主となった広家の家だけは、正式の大名とはなれず、ずっと毛利の家臣扱いだった。

　西軍に加わったとされながら、旧領を安堵《あんど》されたものが薩摩で六十万石余を領した島津義弘の家を初めとして七家ある。本戦で弾丸の一発も放たなかった毛利家が危うく改易されそうになって、ようやく減封・転封で踏みとどまったのにくらべると、最後まで敢闘した義弘の家が無傷だったとは意外である。

　これには、いろいろ理由があるが、この家は和戦両様の構えでねばり強く交渉したし、辺陬《へんすう》の地にいたことも有利に作用したと思える。家康は勝つには勝ったが、彼をかついだ豊臣系の諸将などからすれば、〈同輩者中の首席〉であったに過ぎない。彼らを駆り立てて遠征軍を起こすことなど無理である。もっとも、毛利輝元だって大坂城に居座って同様の姿勢を取っていれば、もっと好条件で講和できたかもしれない。この時点では、豊臣系の大名に豊臣秀頼のいる城を攻めさせることなどできるものではないからである。

島津以外の六家が〈負け組〉にならずに済んだ理由は、まちまちである。谷衛友《たにもりとも》（丹波で一万六千石）や前田玄以《げんい》（丹波で五万石）の場合は、東軍に通謀していたことが評価されたのであろう。対馬《つしま》の宗義智《そうよしとし》（一万石）の場合は、同家がかねてから朝鮮との交渉窓口になっていたところから、その点が考慮されたのではないかと思われる。

このほか転封だけで済んだのが豊後の毛利高政（二万石）である。本人は大坂にいたが、居城にいた家人が東軍の黒田如水（孝高）に通じたからだと新井白石の『藩翰譜《はんかんふ》』はいっている。ちなみに同国臼杵《うすき》の太田一吉（六万五千石）は、本戦終了後も抗戦を続けたにもかかわらず、如水の尽力で改易だけで済んだ。一吉と如水は、敗戦になったら互いに助け合おうという密約があったからだというが、ありそうな話である。

西軍に属して東軍の城を攻めたりしながら、加増まであったのが摂津で二万三千石だった山崎家盛である。彼の妻は池田恒興の娘だったので、恒興の息子で、家康の娘を妻としていた池田輝政の尽力が大きかったらしい。『藩翰譜』は家盛の妻女について、いろいろ面白い話を伝えているが、「実事なるにや」と著者自身が首をかしげている。

不参加組・中立組はどうなったか

東西の対決に加わらなかった家もいくつかあった。蒲生氏の統計では十一家とあるが、実際にはもっとある。ただ、それらの家が本当に中立の態度を取ったのか、たまたま戦闘に参加しなかっただけなのかは判然としない場合がある。また、中立あるいは不参加をうたっても、必ずしも安泰だったわけではなく、改易や減封になった例はいくらもある。動かなかったことがよろしくないという見方をされることもあったのだろう。

北から見てゆくと、蝦夷地《えぞち》の松前慶広《まつまえよしひろ》がいる。もともと家康と親しかったようだが、関ヶ原ではなにもしなかった。遠過ぎて、なにもすることがなかったのかもしれない。そうした事情が認められたのか、家は安泰であった。

東北地方では、陸奥の相馬義胤《そうまよしたね》、岩城《いわき》貞隆、出羽《でわ》の秋田実季《さねすえ》といった不参加組がいる。相馬義胤は、常陸の佐竹義宣の与力大名という立場であり、岩城貞隆は義宣の弟である。それで義宣と足並みを合わせて西軍寄りの中立という選択をしたのかもしれない。その結果、相馬家はいったん所領を奪われたが間もなく復活した。岩城家も所領十二万石を没収されたが、後に一万石の小大名として復活している。

秋田家の場合は、家康が関ヶ原の引き金となった上杉景勝の討伐に出てきたとき、当主は病気と称して人数だけ出した。その連中も、西軍の挙兵と聞くと逃げ帰ったというようなことで、西軍側に立ったと見られたらしい。結局、減封かつ転封でおさまった。

関東では、常陸の佐竹義宣がいる。蒲生氏の統計では、西軍に分類されているが、実際にはなにもしていない。家康の上杉討伐に当たって人数を出したが、背後から家康勢を脅かすとも取れるような構えを見せた。上杉景勝と図って家康をはさみ撃ちする計画があったが、上方で西軍が挙兵したと聞いた家康が上杉勢と衝突する前に反転西上したため未遂に終わったといわれている。新井白石の『藩翰譜』なども、そのように説明している。

真偽のほどはわからないが、家康が佐竹家の動きに神経をとがらせていたことは事実である。それでも、家康の西上後は、東軍に敵対したわけではないという形をつくったので、さしあたりは無事だった。しかし、戦後一年半も経ってから、大幅に減封されたうえ秋田へ転封ということになった。義宣の弟の蘆名盛重《あしなもりしげ》は、独立の大名だったが、兄と同様の動きをしたらしい。彼も後になって改易され、秋田へ赴いて佐竹の家臣となった。

上方では豊臣家が不参加組とされている。形のうえでは、家康も三成もともに臣下であるから、主家という立場からすれば参加も不参加もないといえるが、実際には西軍のために出兵している。たとえば豊臣家直属の弓・鉄砲衆は、緒戦の山城伏見《ふしみ》攻城に加わっているし、結果的に戦闘は行わなかったものの関ヶ原本戦にも出動した。また、七手組と呼ばれる旗本親衛隊も近江大津の城攻めに加わっている。

彼らのうち、実戦に参加した者は処分されたといわれるが、一様ではない。紀州雑賀出身の鉄砲頭《てっぽうがしら》・鈴木孫三郎は、伏見城で本丸に突入して城将・鳥居元忠を討ち取り、家譜によれば豊臣秀頼から感状が出るなど、大いに賞揚されたが、戦後、改易追放となった。しかし、大津城の攻撃に加わった七手組の者たちなどは、処分された形跡がない。

豊臣家の家老格だった片桐且元《かたぎりかつもと》も、この城攻めに家臣を参加させたが、戦後処分されるどころか、逆に一万石から二万八千石になっている。且元も、それなりにうまく立ち回ったのかもしれないが、やはり家康の都合によるところが大きいだろう。政権掌握のためには、且元は、まだ利用価値のある存在だったのである。そういえば、且元の弟・貞隆も大津の城攻めに加わったはずであるのに、転封されただけであった。

そうかと思えば、真鍋貞成《まなべさだなり》らのような例もある。真鍋は和泉《いずみ》の出身で、かつて信長、秀吉に属したが、そのうち陪臣となり、諸家を渡り歩いた後、戸田勝隆に仕えていた。その戸田家が無嗣断絶となってしまったので、秀吉も同情したのか、貞成ら重臣九人を引き取って自らの直臣とし、それぞれ封地を与えた。

秀吉の死後、彼らは秀頼の馬廻《うままわり》となっていたようだが、関ヶ原のときには五奉行の命令で大坂の留守居をさせられた。どうも東軍が有利らしいので、そちらへ加わろうとしたが果たせなかったというのは、結果論での言い訳かもしれないが、西軍のために積極的に働いた形跡はない。それにもかかわらず、九人とも家康によって改易追放されている。

秀吉の正室・北政所《きたのまんどころ》の兄・木下家定とその子の勝俊《かつとし》も不参加組である。家定は、関ヶ原本戦後、立花宗茂から、一緒に大坂に立て籠もって戦おうと持ちかけられたが、自分は、とにかく北政所の守護に当たるのだといって応じなかった。勝俊は、開戦前、伏見城にいたが、城を出て不参加の態度を取った。その理由は、いろいろいわれているが、家康からは任務を放棄して逃げたと見られて、戦後改易された。

備中《びっちゅう》で一万三百石もらっていた伊東長次も不参加組とされているが、石田三成の挙兵を事前に家康に密告しているくらいだから、不参加=中立ではない。この人は、大坂の陣のときにも秀頼に仕えていて、落城後高野山に逃れたが、家康も関ヶ原のときの〈旧功〉を考えたのか追及しなかった。それどころか、徳川大名の一人に加えられている。

九州の五島玄雅《ごとうはるまさ》は、朝鮮役のとき、小西行長の組下だった関係で、小西の催促で途中まで出てきたが、引き返してしまった。その辺の経緯もあれこれいわれているが、戦後、本領を全うしているから、家康にとがめられることはなかったのである。

このように、一口に中立とか不参加とかいっても、たどった運命は一様ではない。さすがに命を落とした者はいないが、家が潰れたり、社会的生命を失ったりした者も少なくない。その一方で、近世大名として無事に明治維新を迎えた例も、何家かある。

二股組の行方

東西双方に付いた家というのが、かなりたくさんある。それらの中には、計算ずくで意図的にそうしたと見られる例、右往左往するうちにそうなってしまったらしい例、なぜなのかよくわからない例など、いろいろな態様がある。

結果を知っている後世の人間からすれば、あえて二股かけてみたり、うろうろしてみたりする必要などなかったではないかと思えるが、当事者の立場に身を置いてみれば、そんな簡単な話ではない。当時の状況では、どちらが勝つか、容易に見当がつくものではなかった。家康は勝つべくして勝ったなどというのは、結果論者のタワ言に過ぎない。

関ヶ原で東西に立ち別れたのは、すべて〈勝ち組〉の豊臣大名たちである。今さら戦乱に身を投じなくても、地位も財産も保障されている。東軍でいえば徳川譜代の連中、西軍でいえば石田三成のような信念的な主動者を除けば、できれば関わり合いたくない者も多かったに違いない。どちらにも参加せずに様子見できれば、それに越したことはないし、それも駄目なら双方にいい顔をしておこうということになる。

東西分属でもっとも有名なのは、真田家のケースである。信濃上田城主の真田昌幸は、次男の幸村《ゆきむら》（信繁）とともに西軍に加わり、長男で上野沼田《ぬまた》城主の信之《のぶゆき》は東軍に加わった。昌幸の行動は、豊臣家に対する義心という観点で解釈されることが多いが、彼は、そんなしおらしい人物ではない。この際、一山当ててやろうと思ったに違いないし、自分ががんばれば西軍勝利の確率もぐんと高まるだろうとも考えただろう。それに家康とは、もともと仲が悪かったから、そうやって家康の鼻を明かしてやりたくもあっただろう。

一方、信之は家康の養女を妻としていた関係で東軍に参加したといわれるが、彼も一筋縄でいく人物ではない。少なくとも、父親との間に〈暗黙の了解〉はあったと見るのが自然である。戦後、彼は死罪になっても仕方のなかった父と弟を、自分の功績に代えてでも……と言い張って助命させた。そのうえ、沼田領に合わせて父の本領も受け継ぎ、さらに加増まで受けたのだから、なにもいうことはない。

美濃関の大島光義の家も、光義と長男が東軍に加わり、次男・三男が西軍に加わって、伏見の城攻めにも参戦した。しかし、光義が自分の功績に代えて、彼らの〈罪〉を償ったので一同無事であったばかりか、加増まであったのだから、これも大成功の口である。

志摩《しま》の海賊衆として有名な九鬼《くき》家では、父の嘉隆《よしたか》が西軍、息子の守隆《もりたか》が東軍に属した。嘉隆は、関ヶ原の当時すでに隠居していたが、家康に対しては旧怨があった。それでかなり信念的に西軍に投じたと思われる。彼は、息子が家康の上杉攻めに従っている間に元の居城を奪い取った。そのうえで西軍の他の海賊衆とも結んで、東海方面の東軍領を海上から脅かすなど、得意の水軍を以って大いに活躍した。

これには家康も慌てて、自分の側に加わった守隆を帰国させて、これに対抗させた。西軍敗北後、嘉隆は潜居し、守隆は八方駆け回って、なんとか助命を取り付けたが、その通知が届く前に嘉隆は自殺してしまった。しかし、家康はそれで納得したものか、守隆は家を保ったばかりか、加増までされている。

和泉岸和田《きしわだ》の小出秀政《こいで》は、秀吉の叔母婿に当たる人である。大坂で石田三成の指揮下にいたらしいが、本人は積極的な働きはしなかった。しかし、但馬出石《いずし》城主の長男は、東軍の田辺城を攻めているし、まだ少年だった四男も大津の城攻めに加わって負傷している。これでは処罰を免れないところだったが、たまたま次男が家康の上杉討伐に従っていて、そのまま東軍となり、その後、戦功があったというので、父子全員無事だった。

阿波徳島《とくしま》の蜂須賀《はちすか》家では、父の家政が西軍に加わったが、北陸方面へ人数を出しただけで、本人は動かなかった。出て行った連中も、兵糧が尽きたといって適当に帰ってきてしまった。一方、家康の養女の婿だった息子の至鎮《よししげ》は、家康の上杉討伐に従い、そのまま東軍に加わった。関ヶ原の本戦にも出たが、戦闘の機会はなかったようである。

戦後、家政は西軍に人数を出したのは、家臣が勝手にやったことだと釈明して〈責任者〉

を追放した。だが世間では、父子で東西に分かれて、どっちへ転んでもよいように図ったと沙汰したと『藩翰譜』にある。第三者にもお見通しだったわけだが、わずかながら加増もあったし、大成功の部類だったといえる。

讃岐を領した生駒《いこま》親正は、秀吉の旧恩は忘れられないといって、孫とともに西軍に加わり、戦闘にも関わったが、本人は病気ということで動かなかった。ウソか本当かはわからない。一方、息子の一正は、上杉討伐から関ヶ原の本戦まで、ずっと家康に従ったので、父の領地をそのまま与えられ、戦後隠遁していた親の親正も許された。

日向の伊東祐兵《すけたか》は病臥中だったというが、本戦後間もなく大坂で病死しているから、それは事実だったのだろう。年少の息子に家臣を付けて本国へ帰し、西軍と戦わせる一方、西軍にも名代を出して大津の城攻めなどにも参加させた。これもどちらへ転んでもよいように図ったもので、とにかく家は全うしている。

加賀の前田家では、前田利家の長男で当主の利長が東軍に加担し、次男の利政は西軍に心を寄せていたといわれる。利政がはかばかしく動かなかったのは事実であるし、前田家中にも西軍への参加を主張した者がいた。しかし、利政の本心がどこにあったかは、よくわからない。さらにいうと、利長にしても、東西どちらでもよいから、この際、自家の勢力を拡大しようとしていたのではないかという見方もある。

ということで、兄弟で明確に路線を異にしていたのか、馴れ合いだったのか、それとも、たまたまそうなっただけなのか、よくわからないところがある。戦後、利政は改易となったが、命に別条はなく、取り上げられた能登二十一万五千石は、そっくり兄の利長に与えられているから、前田家全体としては、なにも損はしていない計算である。

織田一族も東西に分属した口である。信長の孫で当主の秀信は西軍に加わり、その叔父たちも信雄以下多くが西軍に加担し、信次などは本戦で戦死している。また、信雄の息子の秀雄のように、いったん前田利長と行動をともにしながら、西軍に転じてしまった者もいる。一方、信長の弟の長益父子は、東軍に加わって本戦にも参加した。

この家の場合には、一族で図ってどうこうしたというよりも、むしろ、宗家の統制が効かなかったというまでであろう。結果的には、西軍に従った者たちは、いずれも所領を失ったが、信次以外には命を落とした者はいない。東軍に参加した長益の家が徳川大名となれたのは当然だが、いったん失領した信雄の家もなんとか大名に復帰した。そのほか二家ほどが徳川家の旗本となって後世まで続いている。

裏切り者の損得

いったん東西いずれかに加担しながら、その後、態度を変えた家も少なくない。西軍から東軍へ寝返ったケースのほうが多く、十数家に及ぶが、勝敗が見えてから帰属を変えた例も少なくない。一方、初め東軍側にいて、その後西軍に変わった家も二、三ある。

当然のことながら、東軍→西軍というコースを取った家は、どれも〈負け組〉となっている。下野《しもつけ》で二万石の山川朝信は、翌年になって改易され、本家筋に当たる結城《ゆうき》家の家臣となった。先に触れた織田秀雄も五万石の所領を失い、江戸に閑居して徳川秀忠から禄米を受けていたが、父の信雄より先に死んだ。因幡鳥取《いなばとっとり》城主の宮部長煕《みやべながひろ》も五万石（一説に十三万石）を召し上げられ、南部家に預けられて死んだ。

この人たちは、関ヶ原の本戦で西軍が勝っていたら、儲かったかどうかはともかく、少なくとも没落することはなく、〈勝ち組〉の一員となっていただろう。それでは、西軍→東軍というコースを取った家はどうだっただろうか。結論からいうと、儲かった家、損得なしだった家、損した家という色分けになる。

儲かった筆頭は、五万石余り加増された小早川秀秋であろう。関ヶ原本戦で東軍に勝利をもたらした最大の功労者だったのだから、当然といえばいえる。美濃で四万石取っていた稲葉貞通も、本戦前に東軍に回って、一万石加増されて九州に転封となった。

旧領を安堵された者もかなり多い。肥前で三十五万七千石の鍋島直茂を初め、日向で五万石の高橋元種、同じく三万石の秋月種長、肥後で二万二千石の相良《さがら》頼房と九州勢が目立つが、美濃で一万二千石取っていた稲葉通重（貞通の甥）も旧領安堵組である。これらのうち鍋島は、国元で同じ西軍だった立花宗茂を攻撃し、高橋・秋月・相良の三将は、大垣城で味方を謀殺することによって、徳川家康への忠誠を示したのである。

関ヶ原本戦では、小早川秀秋とともに脇坂安治、朽木《くつき》元綱、小川祐忠、赤座《あかざ》吉家の四将が裏切ったが、彼らの運命はさまざまだった。淡路《あわじ》で三万五千石の脇坂安治は、あらかじめ根回しがあったらしく、本領を安堵され、九年後には五万三千五百石に加増・転封となった。子孫は、幕府の要職にも就き、無事に明治維新を迎えている。『寛政重修諸家譜《かんせいちょうしゅうしょかふ》』の家譜には、「戦場にをいて裏切し、大に三成が軍を破る」とぬけぬけと記されている。

近江で二万石領した朽木元綱は、戦後、九千五百余石とされたから、明らかに減封のはずだが、家譜では所領を安堵されたといっている。これは三男が再び大名の列に加わり、その子の代には三万二千石与えられているので、とぼけてしまったのだろう。宗家は高禄の旗本として続いた。これも裏切り大成功の口といえるだろう。

小川祐忠は、裏切ったばかりか、西軍の勇将・平塚為広を討ち取るという功名まで立てたのに、改易されて七万石といわれる所領を失った。事前の根回しがなかったためかもしれない。祐忠のその後については異説もあるが、一般には、関ヶ原の翌年に病死したといわれている。越前で二万石を得ていた赤座吉家も、改易された口である。その後、前田利長の家臣となったが、数年後、増水した越中の川で水馬を試みて溺死してしまったという。

数ある裏切り組の中で、もっとも運が悪かったのは、但馬で二万二千石だった斎村《さいむら》政広である。彼は西軍に属して東軍の城を攻めていたが、本戦で西軍が敗れたと知ると東軍に転じた。宮部長熙の鳥取城の攻囲に加わったが、その際放った火で城下町を焼いてしまった。これに怒った家康は、政広に切腹を命じた。不参加組、二股組、裏切り組のうち、こういう形で命を落としたのは、彼一人だけである。

第四章　〈負け組〉は、どのように生まれたか

1 〈負け組〉の条件

負け方の類型化は可能か

第一章から前章までで、応仁《おうにん》の乱から関ヶ原の戦いに至る百数十年の間に、どういう人たちが〈負け組〉となったのかを、ひとわたり観察した。冒頭でお断りしたように、この時代の〈負け組〉は、今日のそれとは違って、経済的な敗者ということではない。戦争に負けたり、政治的に失敗したりした者が〈負け組〉となったのである。その中には、家が潰れてしまったり、命を失ったりした完敗組も少なくない。

一方、なんとか家を全うした〈負け組〉の中には、徳川政権の下で大名や旗本となった例もかなりある。それらは金儲け競争に失敗した今日の〈負け組〉とはまったく違う。もっとも、時代が下がってくると、大名・旗本の中にも経済的に行き詰った家がかなり出てくるが、それは別問題であろう。完全に野に下ってしまった家は、経済的にも落魄《らくはく》することが多かったかもしれないが、これにも例外はいくらもある。

〈負け組〉はどのようにして〈負け組〉となったかについても、必要に応じて見てきたが、そもそも没落した事実はわかっていても、そこに至った原因や背景は、必ずしも明らかでないケースも少なくない。わかっている場合でも、類型化して示すのは難しい。

戦国時代の〈負け組〉は、軍事的あるいは政治的な敗者であるが、そのまた大多数は、軍事的な敗者であったに違いない。だが、一口に戦争に負けたといっても、態様はさまざまである。たとえば、戦闘（battle）に敗れたことで、〈負け組〉となった例は多いが、その中には、関ヶ原の西軍のように一度の敗戦でこけてしまった例もあれば、甲斐《かい》の武田家のように、長篠の敗戦が引き金となって、以後振るわなくなった例もある。

その戦闘の中身にしても、野戦もあれば城郭戦もある。また、野戦にも、さまざまな形態があるし、城郭戦でやられたといっても、攻城で失敗したのと、守城で失敗したのでは、まったく状況が違う。関ヶ原は典型的な野戦だが、長篠における武田の敗戦は攻城の失敗から起きたともいえる。豊後《ぶんご》の大友家も、日向《ひゅうが》での攻城戦の失敗から衰退に向かった。籠城戦に敗れて没落した例などは、枚挙に暇《いとま》がないほどある。

こうした敗戦がなぜ起きたかとなると、また千差万別である。たとえば、味方の作戦ミスによる場合や敵方の計略に引っかかった場合があるが、それらの内容はさまざまである。そのほか、もともと人員や装備が不十分だったというケースもあれば、裏切りでやられたというケースもある。その裏切りも、いつでもどこでも同じ形で行われるわけではない。また、敗因は単一ではなく、複合していると見られる場合が少なくない。

もちろん、決定的な戦闘というほどのものもなく、次第に押されていって、最終的に没落せざるをえなくなった大名家なども多い。こういうのは、全体としての戦争（war）に敗れたというべきであるが、中には外部の敵にやられたというより、内訌《ないこう》で自滅した例も少なくない。これらも細かく類型化するのは難しい。

軍事的失敗者以外の〈負け組〉についても、事情は似たようなものである。新たな政権にうまく入り込めなかった、いったんは入ったが脱落してしまったといった者も大勢いるが、個々の事情は一様ではない。政争に敗れた、権力者の不興を買った、統治の不手際などを問われた……といっても、実態はさまざまで千差万別というに近い。

〈負け組〉にきわ立った特徴は見られるか

負け方を類型化することは困難であるし、あえて試みたところで意味のないことは、おわかりいただけたと思う。それなら、〈負け組〉には、なにか欠陥があったのではないかという見方は成り立つだろうか。〈病因〉から分類するのが無理なら、病気になる人間には、共通した体質とか生活習慣があるのではないかと考えるようなものである。

実は、こういうとらえ方は、〈負け組〉の責任問題ともからんで、昔からあった。負けるのは、そもそも道理に合わないことをやったからだといった〈倫理的〉なところに始まって、思慮が足りない、判断が悪い、勇気に欠けるといった非難が敗者に浴びせかけられている。こうした悪将論、愚将論は、江戸時代から今日まで、連綿と絶えることがない。

武田家の史料『甲陽軍鑑《こうようぐんかん》』は、江戸時代に武家の間で広く読まれた書物だが、そこには、国を滅ぼし、家を破る大将として、四つの類型が挙げられている。「鈍過ぎたる大将」「利根過ぎたる大将」「弱過ぎたる大将」「強過ぎたる大将」の四つである。

最初の鈍過ぎる大将は「馬鹿なる大将」ともあるが、単に頭のよくない人物ということではない。わがままで、自分の好むことにばかり専念し、肝心の弓矢の道を心がけないような人間を想定しているらしい。具体的に、誰がそうであるとは書いていないが、おそらく今川義元の息子の氏真《うじざね》あたりが念頭にあったのであろう。

二つ目にいう「利根」とは、利発というのと同じである。利口で頭が働き過ぎるのはよろしくないということであろう。そういう人間は、欲が深く、自分の利益ばかり考えて行動するから、結局は身を滅ぼすという論理である。具体例としては、武田信玄の嫡子の義信が挙がっている。義信は父親と対立して幽閉されて死んだ。自殺とも病死ともいうが、義信がそうした性格であったから、そうなったのかどうかは明らかでない。

「弱過ぎたる大将」は「臆病なる大将」ともあって、意味は明瞭である。具体例としては、関東管領《かんとうかんれい》・上杉憲政《うえすぎのりまさ》が挙がっている。憲政については、第二章2の関東管領の箇所で取り上げたが、彼が凡庸な人であったことは、間違いないだろう。

「強過ぎたる大将」とは、必ずしも粗暴・粗雑な強がり屋ということではない。心も猛く頭も回り、弁舌さわやかで知恵もあるが、弱みを見せるのが嫌いといったタイプだという。さりとて、通常は気短でもなく、喧騒にもわたらず、いかにも静かで奥深く見えるから、かえって始末が悪いということらしい。そこであげつらわれているのは、もちろん信玄の跡継ぎとなった勝頼である。勝頼については、次の2で取り上げる。

こうした『甲陽軍鑑』の主張は、武田義信にしろ、上杉憲政にしろ、結末を知って書かれたものである。武田勝頼についても、没落以前に書いたような体裁を取っているが、これもそうではあるまい。当たっていても当然といえるが、それでは同じような〈体質〉を持った者は、すべて同じような運命をたどるかといえば、そういうことにはなるまい。たとえば、臆病でも凡庸でも〈勝ち組〉に残れた者は、いくらもいるのである。

西洋史学者の会田《あいだ》雄次氏に、その名も『敗者の条件』（中公新書）というロングセラーがある。氏の専門とされたルネッサンス時代と戦国時代を対比しながら、敗者論を展開したものである。「闘争世界の敗者」と題する章で、いくつかの類型を立て、それに当てはまる者として、東西十数人の名前を挙げている。

日本人関係の類型としては、「一匹狼に徹しなかった者（斎藤道三）」「覇者の出自にこだわる者（佐々成政、滝川一益）」「欠点のない者（蒲生氏郷）」「慈悲心のある者（高山右近）」「自己の世界に徹する者（千利休）」「後進地域にいた者（武田信玄・勝頼）」「先進地域にいた者（松永久秀）」が立てられている。

この場合、先に類型が念頭にあって、それに該当する者を見つけたのか、『甲陽軍鑑』のように、その反対なのか、その点はわからない。また、斎藤道三のように見立て自体が適切でないものもある。道三を一匹狼というのは、坊主上がりの油売りが権謀術数を尽くしたあげく、主家の土岐家を乗っ取ってしまったという旧来の説に基づいたものである。しかし、最近の研究では、それは俗説で、油を売っていたのは道三の父親であり、道三は最初から土岐家にいた人間であることが明らかになっている。

それはともかく、会田氏は、こうした条件があれば、誰でも敗者になるなどといっているわけではない。むしろ、平和で秩序正しい時代、たとえば「現代でなら勝ち残りそうな個性と環境を持った人間が敗れほろんでいく姿」に興味を持たれたのである。「（平時なら）勝利者になるような人間が敗者になり、有利な条件に囲まれたような環境が逆に不利となる」、それがルネッサンス時代であり、戦国時代だったというのである。

たしかに、ここに挙がった人たちの場合には、氏のいうところが当たっているかもしれない。だが、そのことが普遍的な〈法則〉のように、誰にも当てはまるわけではない。たとえば、後進地域にいたため、〈負け組〉にならずに済んだ例はいくらもある。九州などには、戦国時代をなんとか切り抜け、最後まで家を全うできた事例がきわめて多い。

プロローグで、〈負け組〉をつかまえるために〈勝ち組〉から見たように、ここでも負ける条件より勝つための条件から考えたほうがよいのかもしれない。かつて私は、天下人《てんかびと》が天下人となるための条件を考えてみたことがある。それは、天下取りの意欲があること、一定の軍事力、経済力をそなえていること、必要な家格・ポストなどを得ていること、一定の能力をそなえていること、ツキに恵まれていることという五つであった(『天下人史観を疑う』)。

これらのうち、家格やポストの問題を別にすれば、それ以外は、勝者となるための条件といえるのではあるまいか。勝者となるには、なろうという意欲がなければならないだろうし、一定の軍事力、経済力も必要であろう。また、それなりの能力もなければなるまい。

敗者の中には、明らかに、そうした点に不足があったと見るべき者がいる。しかし、その一方で、勝者の中にだって、余りやる気があったとは思えない者、十分な軍事力、経済力をそなえていたとは見られない者、さほどの能力があったとは認められない者がいくらもいる。近世大名として生き残れた者たちを眺めていると、無気力、凡庸であったために無事でいられたのではないかと疑いたくなる例すら少なくない。

逆に、やる気も能力も十分過ぎるほどあり、それなりの軍事力、経済力もありながら、敗者となってしまった例もいくらでもある。それらについては、次の2で検討してみるが、そうなると勝者にあって敗者にない条件といえば、ツキの有無だけになってしまう。

これまでそういうことが余りいわれなかったのは、学者・研究者の中に、そういう角度でものを考える人が少なかったからである。というより、彼らには、物事をツキや偶然で説明することを恥ずるような傾向があるからである。そのため、誰それは負けるべくして負けたのだなどという〈必然論〉が横行しやすくなる。だが、現実の歴史は、多分にツキや偶然によって動かされていることは、否定できないのである。

自己責任論はどこまで有効か

最近の〈勝ち組〉〈負け組〉論では、当人たちの責任が云々されることが多いようである。『甲陽軍鑑』のような論議だって、一種の自己責任論につながるものだろうが、近頃のそれは、アメリカ仕込みではないかとも思われる。

アメリカのビジネス社会で失敗して破産した例は、昔から数限りもなくあるが、かつては、単なる経済的な出来事として理解されていたらしい。それが次第に、人格的な欠陥を意味するようになったのだという。破産するような人は、前進する意欲に欠けているとか、努力が不足しているとか、したがって道徳性に欠けているとかいう具合に考えられるようになったというわけである。

アメリカでは、当の破産者たち自身までがそうした意識にさいなまれているそうだが、わが国では、そこまでいっているかどうかはわからない。ただ、立身出世思想がさかんだった時代には、能力があり、努力する者は成功する（はずだ）という考え方が広く通用していた。裏を返せば、能力のない者やあっても努力の足りない者は失敗するということである。今日の〈勝ち組〉〈負け組〉論議にも、似たような傾向が感じられる。

そこでは、「機会の平等」ということもよくいわれる。これは「結果の平等」に対するもので、同じようなスタートを切っていながら、〈負け組〉となるのは、本人の責任だという論理である。しかし、今日の社会では、そうであるのかもしれないが、性格の違う戦国時代の〈負け組〉には、そうした形の自己責任論は通用しない。

具体例で見てみよう。関ヶ原を戦ったのは、すべて豊臣大名として〈勝ち組〉だった連中である。それが東西に分かれて争い、一方は〈勝ち組〉となり、他方は〈負け組〉となった。まったく同一のスタートラインから出発して、そうなったのだから、「機会の平等」

というならば、これくらい適切な事例はない。

それなら、西軍に加わって没落した者たちは、すべて意欲に欠けていたとか、努力が足りなかったとか、能力が乏しかったとか断定してよいのだろうか。逆に、東軍に属して栄達した連中は、いずれもそうした特性をたっぷり身に付けていたといえるのだろうか。

東軍でもっとも儲けた一人に、山内一豊《やまうちかつとよ》がいる。遠江《とおとうみ》掛川《かけがわ》城主だった一豊は、徳川家康の上杉景勝討伐に従っていたが、西軍挙兵を知ると東軍に加わった。もっとも、これは自身の判断ではなく、奥方（正確な名前は伝わっていない）の密書によるものだった。一豊は、奥方の判断を信じて、届けてきた文箱を開けずに家康に提出した。これには西軍からの勧誘状などが入っていたという。さらに、居城もそこにある兵糧も、すべて家康に提供すると申し出たが、これは堀尾《ほりお》忠氏のアイデアの盗用だったと『藩翰譜《はんかんふ》』にある。

これで家康のおぼえはめでたくなった。関ヶ原の本戦では、布陣の関係もあって、これという戦功もなかったにもかかわらず、土佐《とさ》一国を与えられたのは、そのためである。豊臣家からの預かり地を入れても六万石ほどの身代だったものが、その後の自己申告で二十万石余となる国持ち大名になったのだから、ずいぶん儲けたものである。

後に、土佐の収穫高が二十万石余と一豊から聞いた家康は、前主の長宗我部《ちょうそかべ》家の威勢では百万石もあろうかと思っていたが、そんな小国だったとは気の毒なことをしたといったという（『藩翰譜』）。この話が事実であれば、家康のリップサービスもいいところで、彼のような男が、そんなことも知らずに論功行賞をやったはずがない。

儲けた代表が山内一豊であるとしたら、儲けそこなった代表は、真田昌幸であろう。昌幸の行動については、前章で触れたが、彼は積極的に西軍に加担し、わずかな人数で家康の世子・秀忠率いる東軍の別働隊に挑戦して、これを食い止めた。そのため、徳川直属の家臣団を多数含む大軍が関ヶ原の本戦に間に合わなかった。

これは有名な話だが、本戦が西軍勝利に終わっていたならば、昌幸の功績は大変な評価を受けただろう。本人が目論んでいたとおり、甲斐・信濃《しなの》・上野《こうずけ》の三ヶ国くらいは手中にできたかもしれない。だが、西軍の敗戦で、すべては水泡に帰した。東軍に加わっていた長男・信之の奔走で命だけは助かったものの、本領三万八千石を失い、高野山麓に蟄居して余生を送らざるをえなくなったのである。

一豊と昌幸の違いは、どこにあったのだろうか。誰がどう見ても、やる気や能力は、昌幸のほうがはるかに上である。一豊では、ひとにぎりの人数で大軍に立ち向かうなどという大胆な芸当は、逆立ちしたってできない。また、それを成功させるだけの軍略の才もない。これは、いかに一豊びいきの人でも否定できないだろう。

それにもかかわらず、学者や物書きの中には、わけ知り顔で、一豊には先見の明があったなどといいたがる人たちがいる。彼は、徳川方の勝利をあらかじめ読んでいたというのである。裏を返せば、昌幸には、そうした能力が欠けていたから、失敗したのだということになる。だが、先を読んだのは、一豊本人ではなく、彼の奥方である。

それでも一豊を弁護したい人は、そういう妻の賢さを信じたのも、彼の能力のうちだと強弁するかもしれない。それならそれでもよいが、その奥方の〈予知能力〉だって怪しいものである。たまたま予測が当たったからよいようなものの、関ヶ原の勝敗を決したのは、彼女などの知りえない要因によるところが大きかった。前にもいったように、勝敗の行方が簡単に読めるくらいだったら、初めからあんな大騒ぎになりはしないのである。

一豊あるいはその妻の先見性を讃える人たちは、典型的な結果論を展開しているだけである。さらにいえば、いまだに〈徳川様御用達《ごようたし》史観〉の呪縛《じゅばく》に引っかかっているのである。最近の研究では、関ヶ原の本戦においても、西軍勝利の可能性はかなり高かった。もし、そうなっていたら、一豊などは、こざかしい奥方のすすめに従って主家に背き、家を滅ぼした間抜けな忘恩の徒として、教訓のタネにされていたかもしれない。もちろん、昌幸のほうは、先見の明に支えられた決断と実行力を褒め讃えられていたに違いない。

避けねばならない結果論

先見の明の有無が、関ヶ原の〈勝ち組〉〈負け組〉を分けたといいたがるような人たちは、徳川家康は勝つべくして勝ったと信じている人たちである。同時に、歴史というものは、あらかじめ書かれていたシナリオに即して動いていると信じている人たちでもある。

石田三成らと対決するに当たって、たしかに家康は、一定のシナリオを用意したかもしれない。しかし、三成たちだって、そういうものは持っていたに違いない。結末は、ご存じのとおりだから、三成たちのシナリオが外れたことは間違いないが、勝った家康のほうだって、すべてが予定どおりに進行したわけではない。直属の家臣団を大勢含む別働隊が真田昌幸に食い止められてしまったことも、その一つである。

こうした点について、徳富蘇峰《とくとみそほう》氏は、「関ヶ原については、いずれも事後からかれこれの議論を立て、一切の事件が、あたかも狂言作者（劇作家）が、脚本に書きおろしたまま、実演したかのごとく、思いなす者が多くある。それは活世間の活舞台の活動を心得ぬ、書《しょ》斎的管見《さいてきかんけん》にほかならぬ」といっている（『近世日本国民史——徳川家康』）。

これは関ヶ原ばかりではなく、歴史一般の見方に通ずることだと思うが、この生きた世間の生きた舞台というものがどうしてもわからない「書斎的管見」の持ち主が、いまだに多過ぎる。こうした人たちは、結果を見て論を立てるから、一見破綻のない説明ができているようだが、それは「後ろ向きの予言」というものにほかならない。それはまた、しばしば〝理路整然と間違える〟ことにもつながっている。

この結果論的な歴史の見方についても、蘇峰氏が面白いことをいっている。成功したか失敗したかを知ったうえで人を観察すれば、成功者は偉く見えるし、失敗者はつまらなく見えるのは当然である、しかし、公平な史眼を働かすためには、幸運とか不運とかいった風袋《ふうたい》を取り除けたうえで、その人の本当の価値を判断しなければならないというのである（『近世日本国民史――織田信長』）。

まったく、そのとおりで、〈勝ち組〉を持ち上げたり、〈負け組〉をこきおろしたりする前に、ツキとか偶然とかいった要素をしっかり見極めることが必要である。先の対比でいえば、山内一豊は先見性があったから成功したとか、真田昌幸は、それを欠いていたから没落したとか考える人は、そういうことがまったく理解できていないのである。

もっとも、そうはいっても、実行はなかなか難しい。後にまた触れるが、そういう主張をした蘇峰先生本人が、明智光秀などの評価となると、〈揚げ足取り〉や〈無いものねだり〉のようなことをやっているのだ。成功者については、結果からこじつけて、いくらでも褒め上げることができるが、失敗者についても、別の意味でなんとでもいえるから、そういうことが起きてしまうのである。

こういうことをいっていると、お前は、〈負け組〉はすべて運が悪かっただけだというつもりかという批判を受けそうだが、もちろん、そんなことを主張しているわけではない。自身の欠陥や失敗によって没落した者はいくらもいる。そうしたことは、次に取り上げるが、問題は、なにをもって欠陥とか失敗とするかという点にもある。

この点については、アメリカの歴史家バーバラ・タックマン女史が『愚行の世界史』でいっていることが参考になるかもしれない。この本の原題は〈愚行の行進〉といったようなものだが、「トロイアからヴェトナムまで」と副題にあるように、為政者たちが行ってきた国益に反する愚劣な政策の数々を論じたものである。

その中で女史が、ある政策を愚行というための規準として挙げていることが三つある。それが後世の目で見て無益というのではなく、当時の目で見ても無益なものであること、他に実行可能な選択肢があったこと、統治者個人の政策ではなく、グループとしての永続的なものであったことである。

このうち最初の、当時の目で見て云々というのは、そのまま〈負け組〉論議にも当てはまる。後世人の目で見て、あれはあの人間の欠陥だったとか、失策だったとかいうのでは、適切な批評にはならない。当時の人たちの目で見て、そうでなければならないのである。

極端な場合には、会田雄次氏もいうように、今日の感覚でいえば、美徳といえることが、戦国時代にはむしろ悪徳だったということだってある。

二つ目も同様である。他に選択肢がない場合には、なにをしようと、それをもって当人を責めることはできない。なお、選択肢の有無は、単に物理的な有無だけではなく、当人の置かれた立場などからも考えなければならない。武田勝頼はさっさと信長に降伏して臣従すべきだったとか、柴田勝家は黙って秀吉に頭を下げていればよかったとかいう類の議論をする人がいるが、そういう選択は、当時の現実からはありえないものである。

三つ目は、そのままでは当てはまらないが、たまたま偶発的に生じたようなことをもって、本人の責に帰することはできないとはいえる。桶狭間《おけはざま》の戦いのとき、突然風雨になったことが、今川義元の敗死につながったかもしれないが、それは義元の責任ではない。

2 〈負け組〉の事例研究

能力があり、努力した者は、必ず成功するというのは、一種の迷信というべきだろう。たしかに、そういう人たちが成功する確率は高いかもしれないが、いくら能力があっても、努力を重ねても失敗した人は山ほどいる。逆に、さしたる能力も努力もなしに、〈勝ち組〉の座に座れた人だっていくらもいるのである。

そこで、〈負け組〉は、本当に駄目人間だったのかどうかを確かめるために、典型的な敗者とされている面々を個別に検討してみたい。もっとも、彼らは、いずれも有名人であるから、経歴や事績を詳しく述べていたら際限がない。ここでは、なぜ彼らは敗者となったのか、それは本人の責任だったのかというところに焦点をしぼって、観察してみたい。

大内義隆（一五〇七〜五一）

大内家については、五五頁で触れたが、義隆《よしたか》の代には中国・九州にまたがって七ヶ国の守護を兼ね、その勢威は西国随一といわれた。ところが天文《てんぶん》二十年（一五五一）、重臣の陶《すえ》晴賢《はるかた》（隆房　一五二一〜五五）に叛かれて本拠を逃れ、長門において自殺した。

陶晴賢の家は、もともと大内一族であり、重臣筆頭といった立場にいた。晴賢本人も、義隆の寵愛を受けたというが、武将としての器量もあり、主家に対する忠誠心も厚かった。それが義隆を殺すに至ったのだから、よくよくの理由があったと思わなければならないが、一般に伝えられているところは、大きく分けて二つある。一つは、義隆の人材登用、人間関係のもつれであり、一つは、義隆の性向であるが、それらは相互に関連してもいる。

義隆の性向として、福尾猛市郎《ふくおたけいちろう》氏は、貴族主義、復古主義、独善主義、文治主義、求道主義の五つを挙げている（『大内義隆』）。最初の貴族主義は、貴族趣味といってもよいだろう。都から下ってきた公家衆を優遇したりするくらいはよいとしても、自ら束帯姿をしたり、山口の街を牛車で練り歩いたりするのは、通常の戦国武将ならやらないことだろう。次の復古主義も、これと通ずるところがあって、朝廷の故実のようなことを、やたらにありがたがったりする一種の権威志向が強かったのである。

三番目の独善主義は、福尾氏によれば、軍事はともかく、文人としての側面において、尊大豪放な独善性を発揮したことだという。側近の諫言なども容れず、他の群雄の動向とか、分国内の民政にも配慮せず、超然と貴族生活を送っていたというのである。次の文治主義は、平和主義のことだというから、今日的には響きがよいが、武将が平和主義者であっては、この時代には困りものというべきだろう。

最後の求道主義も、専門的になにかの道の奥義を究めようというのではない。素人愛好家として、なんでも好むところを追求しようとしたというのである。それも耽美的・享楽的にやろうというのだから、これではオタク族である。

こうした性向は、人事の面などにも現れて、相良武任《さがらたけとう》などという人物を筆頭に文治派とでもいうような者たちを側近とした。彼らは、武断派というべき者をとかく侮ったりするので、陶晴賢のように、文事にうとく、武事一辺倒の人間とは、うまくいくはずもない。晴賢のみならず、家中には、義隆が文弱に流れ、奢侈《しゃし》にふけっているとする批判も強かったようである。晴賢の反乱が多くの同調者を集めたのも、そうした下地があったからだろう。反乱には、土民たちも加わったが、晴賢は、かねてから領民が苛酷な税に苦しむのは、義隆の奢侈と文事のせいであると宣伝していたという。それが功を奏したのも、下層の者たちにも、そうした実感があったからに違いない。

江戸時代の朱子学的思想のもとでは、謀反を起こした晴賢がよくいわれるはずもないが、被害者である義隆の評判も、決してよくなかった。あるとき武田信玄が山本勘助《やまもとかんすけ》に向かって、東国には上杉憲政のような芳しくない大将がいるが、西国にもよいことをしたつもりでいて悪いことになった例はあるかと問うたという話が『甲陽軍鑑』にある。

これに対し、勘助は、それは大内義隆ですと答えている。勘助は、その理由をいろいろいっているが、要するに、義隆は、武事を忘れて文事にふけり、陶という重臣の意見にも従わなかったので、結局、その陶に国を取られてしまったということである。実際に、二人がこんな問答をしたとは思えないが、弱過ぎる大将、臆病な大将の見本のように、この書がいっている上杉憲政と並べていることからも、義隆に対する評価のほどが知れる。

この書の別の箇所には、武田の重臣・高坂昌信《こうさかまさのぶ》（春日虎綱）の評として、「よき大将の無行義《ぎようぎ》」の典型が織田信長で、「悪しき大将の行義よき」典型が義隆だとある。急用で家を飛び出すとき、扇鼻紙《おうぎはながみ》は忘れても刀脇差《かたなわきざし》は忘れないのが信長であり、扇鼻紙は忘れなくとも、刀脇差は忘れるのが義隆だというのである。

これを具体的にいうと、信長は行儀の悪い男だが、人の目利きは上手で、小身から取り立てたような者たちが、いずれも役に立ち、近隣諸国にも知られるほどになっている。これに対して、義隆は文事に長《た》け、行儀もよい人だが、人の目利きは下手である。そのため、取り立てた侍十人のうち九人は役に立たないが、そういう者たちにたくさん知行をやるから国政も乱れ、家老の陶に国を取られるような始末になったのだという説明である。

これも、本当に高坂がそういったかどうかは疑問であるし、内容も多分に結果から割り出された論である。もし、義隆がなんとか無事に生涯を終えていれば、こんなことはいわれなかっただろう。戦国武将には珍しい風流文雅の士であったなどと、持ち上げる人もいたかもしれない。また、明治以降であれば、イエズス会のザビエルに領内布教を許したといったところが評価されて、よい点数を付けてもらえたかもしれない。

それでは義隆の最期は、単に運が悪かっただけかというと、そうではない。陶晴賢の反乱計画は、早くからあった。最初は、義隆を押し込めて、その子を立てようというものだったというが、次第にエスカレートした。そうした計画が何年も前から半ば公然と進められていたことを知りながら、義隆はなんの手も打とうとしていない。平和主義といえば聞こえがよいが、事なかれ主義に終始し、誰かがなんとかしてくれるだろうと考えているうち、ついに身を滅ぼしてしまったのである。これでは戦国武将としては失格である。

今川義元(一五一九〜六〇)・氏真(一五三八〜一六一四)

今川義元という人は、昔から愚将の見本のようにいわれている。その理由はただ一つ、最期の遂げ方がよくなかったからである。

従来の通説に従えば、天下取りを志した義元は、永禄《えいろく》三年(一五六〇)五月、大軍を率いて織田信長領である隣国・尾張《おわり》に進攻した。今川勢は、織田方の砦を二つ落とし、さらに信長の前隊と戦って打ち破った。これを喜んだ義元は、首実検するといって酒宴を開いて浮かれていた。一方、小勢で本拠の清洲《きよす》を出た信長は、自軍の前隊が敗れたのを見て、迂回して義元の本陣に奇襲をかける。これが当たって、義元は討ち取られてしまった。

ここから、わずかな勝利に驕《おご》った愚将・義元が天才・信長に隙をつかれて敗死したという、おなじみの図式ができあがる。それに尾ヒレが付いて、義元は髪を総髪《そうはつ》にし、口に鉄漿《おはぐろ》をつけるなど公家風の惰弱な人物であったとか、胴長短足で馬にもよく乗れず、輿《こし》に乗っていたとかいった悪口が出てくる。義元は、幼時から寺に入っていたが、武将として不適格であったから、僧侶にされたのだという批判もある。

こうした話には、真偽がたしかでないものもあるし、事実であったとしても、必ずしも、非難されるべきこととはいいきれない。要するに、あえなく敗死したという結果から出発して、文弱で武勇を欠く、どうしようもない義元像をつくっているだけのことである。それでも敗死が、すべて義元の責任であったというなら、そうした批判も、ある程度甘受せざるをえないかもしれないが、その点はどうだろうか。

結論からいえば、これまでの通説は完全に誤っている。義元が天下取りをめざして動いたことを裏付ける史料はなにもない。彼が本当に上洛を志していたなら、それなりの準備をしていなければならないが、その形跡はまったくないし、簡単に上洛できる情勢でもなかった。歴史学者の高柳光寿《たかやなぎみつとし》氏なども、義元には上洛志向はなかっただろうといっている。

それでは、信長の迂回奇襲のほうはどうか。この点については、最近まで疑う人がいなかったが、藤本正行氏が明確な否定説を出した。詳細は、氏の著書（『信長の戦争』など）について見ていただきたいが、これも結論からいえば、そんなものは、たしかな史料には、まったく裏付けがないということである。

逆に、信長の旧臣・太田牛一《おおたぎゅういち》の書いた『信長公記』によると、信長は、迂回奇襲どころか、今川軍の真正面から攻撃をかけたとしか解しようがない。そこにある信長の訓示を見ても、彼は乾坤一擲《けんこんいってき》の命がけの勝負など望んでいたわけではない。前面にいる敵を前夜から活動して疲労している部隊だと見誤り、それを自分の連れている新手の兵力でたたくことによって、活路が開けるのではないかと考えたまでである。もちろん、その時点では、信長は、敵将・義元が、どこにいるかなどということも知らなかった。

信長の仕掛け方は、義元にとってやや意外だったかもしれないが、彼は、旗本に守られて、いったん後退することにした。これは「金持ち喧嘩《けんか》せず」式の、ごく常識的な判断であったと藤本氏はいう。そこに至るまでの経過を見ても、義元は、終始、常識的に慎重に行動していると、氏は評価している。義元には、まったく落ち度はなかった。

本来なら、信長のほうが敗れていたかもしれず、そうなっていたら、後世の人間は、〈常識人・義元VS愚将・信長〉という図式を立てて、信長を非難していたに違いない。しかし、現実には、急に天候が変わるなど、あらかじめ想定できないようなことが起きて義元は討ち取られ、愚将のレッテルを貼られてしまったのである。

この戦闘に限らず、それまでの軍事・外交にしろ、領国経営にしろ、義元が愚かであったとか、能力に欠けていたとかいうことを示す材料はない。むしろ、最近の研究では、彼はかなり有能な武将であり、実績もあげていたという見方も出ている。彼が無難に生涯を終えていれば、後世にも、そうした義元像が定着していたかもしれない。

義元の領国は、息子の氏真の代に失われた。そのため、氏真の評判もすこぶる悪い。寵臣の三浦義鎮《みうらよししげ》のいうなりになって他の宿老たちの反発を買い、家中の統制が乱れたとか、蹴鞠や歌道にふけって、政治・軍事をおろそかにしたとか、いわれ放題である。

それらはおそらく事実であろう。だが、多分に結果論でもあるだろう。『甲陽軍鑑』は、氏真の作法が悪く、家老の朝比奈泰朝ら「能者《よきもの》」のいうことを聞かず、三浦のいいなりになっていたことを口をきわめて非難しているが、氏真が「心は剛にてましませ」ことは認めている。氏真がなんとか国を保っていたら、そうした面が伝えられていただろう。

四囲の状況も複雑であった。氏真の領国は、東は北条氏康、北は武田信玄、西は徳川家康（松平元康）領に接しているが、これらの家と氏真の家との因縁は、いずれも深いものがあった。たとえば、北条家の始祖で氏康の祖父に当たる北条早雲（伊勢宗瑞）は、今川家に属していた人間であり、氏真は、氏康の娘を正室としていた。

武田家とのつながりは、さらに強い。氏真の母は、信玄の姉であるから、二人は叔父甥の関係となる。その信玄の長子・義信の正室は、氏真の妹であった。また、信玄は、父の信虎を追放したが、その信虎は、婿である今川家が預かっていた。

家康の出た松平家は、強大な今川家に圧迫され、家康も幼いときから人質に出されて、いじめられたということになっている。しかし、これは徳川家側の一方的な主張である。

真実は、家康の父が尾張の織田信秀（信長の父）に押されて、どうにもならないので、今川家に応援を求め、その際、証人として家康を出したのである。これは、当時としては、きわめて当たり前の慣行であって、それが嫌なら、織田信秀に潰されたまでである。

家康は、父の死後も今川家にとどめられたが、これはむしろ今川義元に庇護されていたのだという見方がある。その間、義元の姪を正室としているから、今川一門として遇されていたということであり、こんな人質などあるものではないというのである。おそらく、そのとおりであろう。氏真と家康は、義理の従兄弟ということになる。

義元が死ぬと、家康は自立して織田信長と結び、三河《みかわ》の切り取りを始め、やがて遠江《とおとうみ》を侵略する。家康が氏真に弔《とむら》い合戦をすすめたのに、氏真が応じなかったからだというが、真偽は不明である。その後、信玄も駿河《するが》に侵攻してきて、これを奪った。手をつかねていて家康に駿河まで渡してはたまらないと思ったのかもしれない。氏真が武田と手を切って上杉謙信と結んだので、信玄が腹を立てたからだという解釈もある。

北条家だけは、氏真をバックアップする姿勢を取ったので、敗れた氏真は北条家に身を寄せる。だが、北条氏康が死んでしまうと、息子の氏政は、武田と結ぶこととし、氏真を追い出してしまう。こういう油断もスキもならない連中に囲まれていたのでは、余ほどの傑物ならともかく、氏真程度の人物では、どうにもならなかったのかもしれない。

朝倉義景（一五三三〜七三）

朝倉家については、これまで随所で述べてきたが、この家は、織田信長によって滅ぼされた。朝倉家も織田家も、ともに管領・斯波《しば》家の家臣だったが、朝倉家は文明《ぶんめい》三年（一四七一）頃には越前《えちぜん》一国を握って自立した。これに対し、織田家が尾張一国をほぼ押さえたのは、信長の代の永禄二年（一五五九）であるから、だいぶ隔たりがある。

両者の位置が逆転したのは、足利義昭《よしあき》の幕府再興問題がからんでいる。兄の十三代将軍・義輝《よしてる》が松永久秀らに殺された後、義昭は朝倉家に行って、幕府再興を依頼した。ところが朝倉義景はなかなか腰を上げてくれない。仕方がないから、織田信長のところへ行って頼んだところ、信長は、いともあっさりとやってくれて、義昭は十五代将軍となった。

新将軍を擁した信長は、義景に将軍のご機嫌伺《きげんうかが》いに出てくるようにと声をかけたが、義景は出て行かなかった。出てゆくのは簡単だが、そうすれば信長の下風に立たざるをえないから、そうしなかったのである。それで信長の朝倉攻撃が始まるのだが、そのいきさつは、浅井《あざい》家に関する箇所（八一頁〜）で説明した。

義景は、たまたま幼い嗣子を失った悲しみで上洛にもなにも手がつかなかったのだとして、昔から、その未練さを批判する声がある。後世人も、彼の積極性を欠く惰弱な性格やいたずらに面子にこだわる姑息《こそく》な性向に非難の目を向けたがる。

しかし、上洛を志さなかったことが、そんなに悪いことなのだろうか。戦国大名といえば、誰でも彼でも「都に旗を立てる」ことをめざしていたと考える人が多く、それが義景批判にもつながるのだろうが、それはまったくの誤りである。数からいえば、そんなことを望まなかった戦国大名のほうがはるかに多かっただろう。上洛志向を持たなかったのはおかしいというほうが、おかしいのではあるまいか。

義景は、嗣子のことなど個人的な問題も抱えていたが、それ以外にも、この家にはいろいろと問題があった。同族の有力者の間で深刻な争いがあって、共同歩調を取れなかったことなども、その一つである。また、長い間、隣国・加賀《かが》の一向一揆《いっこういっき》と対立抗争を続けて消耗していたうえ、自国内にも多くの一向宗徒を抱えているといった問題もあった。仮に義景が退嬰《たいえい》的な人間でなかったとしても、腰は重くなったであろう。

義昭のところへ出てこいという信長の呼びかけに応じなかったのも、むしろ当然である。今さら信長の下に付くくらいなら、国主大名として門戸を張ってきた意味はなくなってしまう。ただ、そうすれば、当然、信長との全面対決も覚悟しなければならないが、そこから先の義景の対応は、どう見ても甘過ぎる。そこがもっとも問題なのである。

義景は、自家との旧縁を尊重して信長と手を切った浅井家と共同戦線を張ることになり、元亀《げんき》元年（一五七〇）六月には、徳川勢の応援を得た織田軍と戦闘を交える。いわゆる近《おう》江姉川《みあねがわ》の戦いである。このとき義景は、一族の者に人数を付けて送っただけで、自身は出なかった。なにやら、付き合いで戦ったような感じである。

やがて甲斐の武田信玄が、対信長包囲網といったものをつくり上げ、浅井家も朝倉家も、それに加わった。後世の見方としてはもちろん、当時の目で見ても、両家の力で信長に対抗することは無理であったことは明白である。生き残るためには、信玄の戦略構想の一翼を担うほかはない。その信玄にしても、独力で信長を潰すのは大変だと思えばこそ、諸方に呼びかけて、四方から包囲する計画を立てたのである。

元亀三年（一五七二）七月、義景は、自ら近江北部に出馬して、浅井家とともに信長の軍と対峙した。一方、信玄も、この年十月に動き始め、自身は家康領の遠江に侵入したが、別働隊を家康領の三河に入れ、さらに信長領の美濃《みの》にも一隊を派遣している。信玄のこの行動が上洛をめざしたものかどうかは疑問のあるところだが、まず信長の同盟者である家康をたたいたうえで、信長を締め上げていくつもりであったことは間違いない。

ところが、十二月に入ると義景は、本国に引き揚げてしまった。この行動は、信玄を激怒させた。朝倉・浅井両家が信長の前に立ちふさがるということが、信玄の対信長戦略の重要な一環だったのだから、それも当然である。

信玄は義景に書状を送り、部下の兵士を労わりたいのは当然だが、それでは信長討滅の好機を逸するものであり、今手を緩めたら、これまでの苦労が無駄になるではないかと、再考を促した。反信長陣営の重要な軸となっていた本願寺《ほんがんじ》の法主《ほっす》・顕如《けんにょ》も再出馬を促した。これは信玄と調整して申し入れたものだが、諸国の門徒がいかに活動しているかを述べていることからもわかるように、本願寺もここが正念場だと考えていた。

しかし、義景には、自分の家は、信玄の信長包囲戦略の中でしか生き残れないのだということが、どうしても飲み込めなかったらしい。あるいは、自分は信玄の〈駒〉ではないという思いが強かったのかもしれない。だからといって、独自の信長対抗策などなにも持ち合わせていないのだから、なんとも困りものである。

信玄は、元亀三年末、遠江三方原《みかたがはら》の戦いで、信長の応援を受けた徳川家康を打ちのめし、信長包囲戦略を再構築しようとしたが健康が許さず、翌天正《てんしょう》元年四月に病死した。事実上の盟主を失った反信長同盟は、次々と各個撃破され、義景も同年八月に自殺に追い込まれた。結果的には、義景ががんばっても無駄だったかもしれないが、凡庸な彼には、前年末、なぜ信玄が激怒したのか、死ぬまで理解できなかったのではあるまいか。

松永久秀(一五一〇?〜七七)

松永久秀のことは、すでに何度か触れた（二六頁〜、八三頁）。三好長慶《みよしながよし》の旧臣で、一時は天下を差配していたこともあるが、生国や出自はもちろん、父母の名前すら知れない人物である。彼は、三度信長の敵となり、二度までは許されたが、三度目に滅亡した。

戦国時代には、悪名高い人物がいくらもいる。それらの中には、後世、朱子学的なものの見方が普及したために、とやかく非難されるようになったケースも少なくないが、久秀は違う。在世中からきわめて評判が悪かった。

具体的に非難の対象となったのは、十三代将軍・足利義輝を襲殺したこと、三好長慶の息子・義興《よしおき》を毒殺したこと、奈良東大寺の大仏殿を焼いたことの三点である。このうち足利義輝襲殺は、まぎれもない事実であるが、三好義興毒殺は噂にとどまる。大仏殿の件は、久秀が、ここに籠もる三好三人衆に夜襲をかけたとき、三人衆側の失火で焼けたものである。それでも攻撃した久秀の責任とされたわけである。

永禄十一年（一五六八）、織田信長が足利義昭を擁して上洛してくると、久秀は、これに降伏した。降伏して許されるものかどうか、かなりきわどい賭けだったようにも思えるが、久秀には、それなりの成算があったのだろう。果たして、足利義昭は、実兄・義輝の仇を受け入れたくないと反対したが、信長がなだめたのだという。

信長だって久秀のような男に油断したはずはないが、まだまだ使い道があると考えたのだろう。久秀のほうも、そこまで読んでの降伏だったのだろう。さらにいうと、義昭・信長の当面の敵である十四代将軍・足利義栄《よしひで》をかついでいる三好三人衆と久秀は敵対関係にあった。「敵の敵は味方」という論理が働くことも見通していたかもしれない。

久秀は、いつまでも信長の下でかがまっていられるような男ではないから、元亀三年（一五七二）に反旗をひるがえした。それ以前から、武田信玄と通謀していたことが知れるから、やがて信玄が上洛してくることを期待しての行動だったに違いない。朝倉義景の箇所でいった反信長同盟の一翼を構成したのである。

しかし、頼みの信玄が翌天正元年四月に病死したことで、久秀の目論見《もくろみ》は崩壊する。将軍・足利義昭も、その直前に信玄上洛を見込んで、反信長の旗幟《きし》を鮮明にしたが、敗れて追放されてしまった。旧主・三好長慶の跡を継いだ三好義継も、久秀とともに信長に背いたが、居城を攻められて自殺した。ところが、久秀だけは、また降伏して許されている。

前回の降伏以上に不可解な話だが、久秀のような男が漫然と命乞いをしたとも思えないから、やはり計算はあったのだろう。最初の降伏のときには、名物の茶器や刀剣などを献上しているが、今回は、大和多聞山《やまとたもんやま》城を差し出した。この城は、後の築城の手本となるような新機軸を打ち出した自慢の城であった。

とはいえ、そうしたことで許してしまうほど、信長も甘い人間ではない。やはり、信長にとっても、久秀はまだ必要性のある存在だったし、久秀もそれを読んでいたから、思い切って降伏したと考えるほかはない。彼が役立ったという話は八三頁でも触れた。

久秀が次に立ち上がるのは、天正五年（一五七七）八月のことである。その頃、彼は、大坂本願寺攻撃の織田勢に加わっていたが、突然、陣を払って、大和信貴山《しぎさん》城に引き揚げてしまったのである。といって、公然と挙兵したわけでもないので、信長は使者をやって理由を聞かせたが、久秀は回答を拒否した。こうして両者は、交戦状態に入った。

この時点で久秀が動き出したのは、上杉謙信の西進と関連していた。そのため、織田の部将たちの多くが出払っていたから、挙兵には絶好の好機であったし、謙信の上洛に期待することもできた。謙信は、九月に加賀で織田勢を撃破している。

しかし、謙信の上洛は、そう簡単には実現せず、上杉勢は進撃を止めてしまった。それで信長側も後顧《こうこ》の憂いなく、信貴山城の攻撃に取りかかれるようになった。謙信と戦うべく出て行った人数が戻ってくると、その一部も増援された。その結果、十月には久秀自身が滅亡してしまった。一説には、裏切り者が出たからだという。

久秀敗滅の経緯は、そういうことだが、彼の最後の企てについては、昔から批判の声が強かった。日ごろ、案者（知恵の深い者）として知られた男にしては、意味もないことをしたものだと酷評されたりしている。だが、それは当たっているだろうか。

そもそも、これまで叛服をくり返してきた久秀が、このまま信長の下にいても無事でいられる保証はなにもない。使い道がなくなれば、始末されるに決まっている。それなら先手を打つ必要があるが、上杉謙信が上洛してくるとあれば絶好の機会といわねばならない。武田信玄に対してもそうだったが、信長は、とても謙信に敵しえないというのは、天下の公論のようなものである。これは成功率の高い賭けといえた。

もっとも、久秀が本当に謀反を成功させるつもりだったら、他人を当てにしているようでは駄目だという会田雄次氏のような批判もある。たしかに、信玄は病死してしまったし、謙信もいったん引き揚げてしまった。そのため、当てが外れた久秀が敗退せざるをえなかったには違いない。だが、それを久秀の見通しの甘さとばかりいえるだろうか。

当時の信長は、久秀単独で倒せるような相手ではない。信玄ですら、諸国の反信長派を糾合して当たることを考えた。謙信にしても、足利義昭が望む信長打倒作戦の一環として動いたもので、毛利家や本願寺の協働が見込まれていたはずである。それを考えれば、一概に、久秀を退嬰的とか消極的とかいって責めることはできない。

武田勝頼（一五四六～八二）

武田勝頼といえば、勇気は有り余っても思慮の足りない愚将というのが通り相場のようになっている。明治から大正にかけて在野の史家として活躍した高瀬羽皐《たかせうこう》氏は、国を滅ぼした人はたくさんいるが、武田勝頼ほど悪くいわれた例はない、これは余りにも偉い親父を持った不運ではなかったかといっている。

実際には、勝頼は評価の難しい人である。たとえば、一人の戦国武将として見た場合には、総合的にかなりよい点の付けられる人物である。羽皐氏も、勝頼には酒色にふけったというような不行跡もなく、智謀もあり、学問もあり、個人的武勇にもすぐれていれば、指揮能力もあり、一廉《ひとかど》以上のものがあったと評価している。現代の歴史学者・笹本正治氏も、勝頼の事績を見れば、決して戦国大名として劣ってはいなかったといっている。

もちろん、勝頼には欠陥もあった。羽皐氏も指摘するように、思慮分別とか人心収攬《しゅうらん》術とかいった点で不足するものがあり、やたらに強がるという悪い癖があった。笹本氏も、勝頼には、信長ほどの革新性がなく、直情型で腹芸《はらげい》が得意でなかったと評している。そうした点で、父親の信玄には遠く及ばないものがあったことは事実である。

とはいえ、武田の滅亡は勝頼個人の責任にばかり帰せられるものではない。上野晴朗《はるお》氏も指摘するように、そこには多くの遠因があり、信玄以来の宿題や信玄の死によって噴出した問題も含まれている。勝頼の人心掌握《しょうあく》のつたなさとか、彼が重用した長坂光堅《ながさかみつかた》（長閑斎《ちょうかんさい》）・跡部勝資《あとべかつすけ》の執政の悪さとかで、単純に説明できるものではないのである。

勝頼本人の明確なミスといえるのは、天正三年（一五七五）五月、長篠で大敗したことである。この敗戦がずっと尾を引き、滅亡の引き金となったことは、異論の余地がない。ただし、従来の説明には、誤解や認識不足なところがある。

この戦いは、勝頼が徳川家の属城である三河長篠城を囲んでいると、織田・徳川連合軍が応援にやってきたところから起きた。実は、この城は、それ以前は武田方のものであった。それが信玄の没後、半年も経たない天正元年九月に徳川方に奪われ、それを奪回しようと出て行って、戦闘になったのである。

このとき武田方は、比較的あっさり開城している。勝頼に戦略眼がなかったのか、その時点では健在であった信玄以来の老臣たちも、この城の重要性に気づかなかったのか、彼らと勝頼の意思疎通が欠けていたのか、それはわからない。いずれにしても、簡単に長篠城を取られてしまったのは迂闊《うかつ》のきわみであるが、その点が余り問題にされたことはない。

長篠城を囲んだ勝頼は、犠牲を惜しんできびしい攻撃をかけなかったが、織田・徳川の援軍が来たのを見て、一転して決戦に打って出たというのが、従来の通説である。だが、長篠城の奪回に出てきながら、損害を恐れてはかばかしい攻撃をしなかった者が、たとえ勝ったとしても多くの死傷者を出すことが確実な決戦など挑むだろうか。この点についても、納得のゆく説明を聞いたことがない。

双方の正確な兵力はわからないが、だいたい織田・徳川方三に対して、武田方一くらいと見られている。この当時の常識では、このくらい兵力の格差があったら、少ないほうから挑戦してゆくことなどありえない。武田軍でも、老臣たちはこぞって、いったん撤退することをすすめたといわれる。確証はないが、そうであって当然である。

それにもかかわらず、あえて勝頼が決戦に踏み切ったのは、武田騎馬隊の突進力に絶対の自信を持っていたからだとか、敵の謀略に引っかかった長坂長閑斎が決戦をすすめたからだとか説く人が絶えない。だが、武田騎馬隊などというものは、そもそも存在していなかった。仮に勝頼が愚人であったとしても、無いものを頼りにするはずはない。また、長坂は、長篠には来ていないから、決戦論にもなんにも進言などできるはずがない。

勝頼が撤退を選ばず、織田・徳川軍に立ち向かっていったことは事実である。ただし、やみくもに突撃したわけではなく、途中で停止して陣地を構えている。いくら勝頼が〈強がり屋〉であったといっても、何倍もの敵が厳重に野戦陣地を構えているところへ、いきなり真正面から仕掛けるほど没常識だったわけではない。

おそらく、勝頼の性格として、なにもせずに後ろを見せるようなことはしたくなかったのだろう。また、自分が強気の姿勢を見せれば、相手のほうが引き下がるという期待もあったかもしれない。これより先、彼が美濃の諸城を陥れたときや遠江高天神城《たかてんじん》を攻めたとき、織田も徳川も、武田の武威を恐れたのか、はかばかしく応援に出てこようとしなかった。今回も、そうなると考えたとしても、不思議ではない。

しかし、今回は、相手は引き下がらないばかりか、別働隊を出して武田方の後方陣地を襲ってきた。これで退路を絶たれたと考えた勝頼が攻撃に出ざるをえなくなったというのが真相のようである。このとき織田・徳川軍が、三千挺の鉄砲を三段撃ちして、殺到する武田騎馬隊を撃滅したなどというのは真っ赤なウソだが、相手方の野戦陣地を突破できず、敗退したことは間違いない。兵力の損耗もさることながら、信玄以来の歴戦の指揮官や多くのベテランを失ったことが、その後の武田家の運命に大きく影響した。

どういう事情があろうとも、この敗戦は、勝頼の責任といわざるをえない。親の信玄であったら、そもそも長篠城を取られるような不手際はしなかっただろう。仮に、長篠で勝頼と同じ状況になったとしても、さっさと引き揚げて、別の方策を講じたに違いない。

この敗戦で武田の武威は、一気に低落したが、勝頼もなにもしなかったわけではない。領国の統治を安定させ、軍事的、経済的な立て直しを図ろうとはした。それが一定の成果をあげつつあったことは、笹本正治氏も指摘しているが、結局は、それも役に立たず、天正十年（一五八二）三月の滅亡に至るわけである。

その間、上杉謙信の相続争いをめぐり義理の兄弟である上杉景虎を見捨てて上杉景勝と提携した問題、徳川方に攻囲された遠江高天神城の救援を断念した問題、家臣や領民に多くの負担を強いる新府城の築城に取りかかった問題など、多くのことが起きている。詳しくは述べないが、それらはいずれも負の方向に作用したとされている。だが、それぞれ事情のあったことで、一方的に勝頼個人の責に帰すべきものではあるまい。

織田軍が迫ってくると、勝頼の部下の多くが離反し、武田王国はあっけなく崩壊した。そこから、勝頼の人心掌握のつたなさが非難されるのだが、これは勝頼の資質というより、当時の武士たちのあり方と関連している。彼らにとって、主家よりも自分の家と領地の存続のほうが大切だった。これは武田家に限らず、どの家でも同じことで、裏切りだの寝返りだのが日常茶飯のように起きたのも、多分にそのためである。

上野晴朗氏もいうように、武田家はもともといろいろな問題を抱えていた。それでも武士たちが、忠実に信玄に従っていたのは、信玄が当面の実利と将来の希望を与えてくれる存在だったからである。ところが、勝頼になって、そういうものはなくなった。これでは離れ去るのも当然だが、勝頼がそうなったのは、長篠での失敗の結果である。

ただ一度の軍事的失策にとことん祟られた勝頼だが、それがなかったら、武田家はずっと安泰でいられただろうか。もし、あのとき勝頼のほうが大勝して信長を討ち取ってでもいたら話は別だが、戦闘を回避して戦力を温存していただけであったら、保証の限りではない。信長に単独で対抗するのは、信玄ですら困難であったから、広汎な包囲網をつくっている。しかし、信玄のような権謀の才のない勝頼には、そういう〈芸当〉は難しい。

明智光秀(?〜一五八二)

光秀と本能寺の変については、前章の3などで述べたのでくり返さないが、彼の敗滅については、そもそも謀反など起こしたのが間違いの元だったような観点から論を立てている人が多い。もっとも、朱子学的な順逆思想を引きずった人たちが、そういうのは当然で、天人ともに許すべからざる叛逆などした者は、失敗してもらわなければ困る。

問題は、そうした思想とは関係のない批判である。たとえば、徳富蘇峰氏は、『近世日本国民史――豊臣秀吉』の中で、光秀は、信長父子を討ち取るところまでは、手はずどおりに齟齬《そご》なくやってのけたが、それからは茫然自失《ぼうぜんじしつ》の態で、なにもしなかったようなことをいっている。事後の対応がなっていないということで、一時の出来心で大事を引き起こしたものの、収拾がつかなくなったという見方である。

もっと端的に、あの時点で、ああいう形で立ち上がっても、織田家の同僚たちに袋だたきにあって、たちまち攻め滅ぼされてしまうことは自明だったではないかという類の意見も多い。作家の司馬遼太郎氏も、そんなことを書いていたことがある。功利的な観点から見ても、そんなワリの悪いことは、やるべきではなかったといいたいのであろう。

結論からいえば、本能寺の変後に光秀が茫然として手を束《つか》ねていたような事実はない。むしろ、高柳光寿氏もいうように、短い時間の中で、打つべき手は一通り打っている。結果的に、それが実らなかっただけの話である。高柳氏は、蘇峰氏の批評などは、調査不足の、事実を知らない暴論だと決めつけているが、まったく、そのとおりである。それにしても、人の評価に当たっては、幸運とか不運とかの要素を取り除けて、公平にやるべきだといった蘇峰氏までが、こんな妄評をしているのである。

袋だたきになってしまうという議論にしても、高柳氏の言葉を借りれば、調査不足の乱暴な主張に過ぎない。本能寺の変当時、織田家の主要なメンバーは出払っていた。たとえば、重臣ナンバーワンの柴田勝家は、上杉家と戦うため、佐々成政や前田利家とともに、北陸に出ていた。羽柴秀吉は、中国で毛利家と対峙していた。信長の三男・信孝は、丹羽《にわ》長秀とともに四国攻めに向かおうとしていた。そのほか、奪ったばかりの旧武田領の統治などのために差し向けられた者も、滝川一益を初めとして何人もいた。

要するに、畿内はがら空き状態で、大軍を擁する重臣で残っていたのは光秀だけであった。そういう状況の中で、信長が小人数で上京したのを見て光秀は謀反を決意し、それは成功した。出払っている連中は簡単に帰ってこられまいから、その間に近江・美濃など信長の本拠を押さえ、さらに畿内の経営を進めればよいと光秀は考えたに違いない。光秀の決断は、とっさのことであったろうが、前後の計算がなかったなどとはいえないだろう。

現実にも、光秀の計画は、想定どおりに進むかに見えた。彼は、数日で近江を制圧し、美濃などにも工作を施して、相当の成果をあげている。一方、柴田勝家は、上杉勢に脅かされて容易に動けなかったし、信孝と丹羽長秀は、士卒に逃げられてしまって、弔い合戦どころではなかった。滝川一益も北条勢にやられて、逃げ帰るのが精一杯だった。

そうした中で、光秀の計算を完全に狂わせたのが、「中国大返《おおがえ》し」と呼ばれる羽柴秀吉の東上である。秀吉が大軍を率いて引き返してきたことによって、形勢は一変した。模様眺めをしていた連中も、これでどっと秀吉側に流れた。山崎で両軍が衝突したとき、光秀側の兵力は、秀吉側の三分の一程度しかなかったらしい。これでは勝てるわけがない。

こうした秀吉の動きは、あるべくしてあったと見るのが、頼山陽《らいさんよう》から蘇峰氏に至るまで多数説のようになっているが、それは違う。「中国大返し」は、秀吉の能力だけで可能になったことではなく、信じがたいほどのツキの積み重ねの上に起きたものであった。たとえば、秀吉と毛利家の間では、すでに講和の話が進行中であった。そこへ本能寺の変が起きたが、秀吉は、毛利家より一足先に、その情報をキャッチすることができた。それで信長が生きているように装って、なにも知らない毛利家と講和を締結できたのである。

これだけでも、大変なツキだが、だまされたことに気がついた毛利家が追撃をかけなかったのも、信じがたいほどのツキであった。毛利家側にも、当然そういう声はあったが、沙汰やみになったのである。それにも、いろいろ理由は考えられるが、人の気性の荒いこの時代に、これだけ面目を潰されても仕返しに出なかったのは、奇跡のようなものである。

秀吉も、毛利の追撃がないと見て東上の途についたが、彼だって、初めから、そんな計算は立てられなかっただろう。要するに、光秀に「中国大返し」を予測すべきだったというのが、無理な注文である。仮に、秀吉が光秀の立場にいたとしても、そこまで予測して手を打つことなど、とてもできなかっただろう。高柳光寿氏の『戦国の人々』に、「運に敗けた光秀」という小文があるが、すべては、そこに尽きているといってよい。

柴田勝家（?〜一五八三）

柴田勝家は、天正十一年（一五八三）四月、賤ヶ岳《しずがたけ》の一戦で羽柴秀吉に敗れ、越前の居城で自殺した。戦闘で敗れたことが、直ちに滅亡につながったということでは、明智光秀、石田三成などと同様のケースである。

この戦いのことは、昔からよく知られているが、近江北部の山間部で双方が多くの砦を構えて対峙する形で始まった。その間、秀吉は勝家と同盟している美濃岐阜の織田信孝攻撃に向かったが、間隙を衝くように、勝家の甥・佐久間盛政が別働隊を率いて、秀吉側の陣営に奇襲をかけ、二つの砦を奪い取った。

勝家は、盛政に対して、すぐに引き揚げるよう再三指示したが、盛政はきかなかった。彼は、この機会に勝家こそ、主力を押し出して、戦果を拡大すべきであると主張した。そうこうするうちに、美濃で報告を受けた秀吉が迅速に引き返してきて、盛政率いる別働隊に攻撃をかけた。盛政は後退して勝家の本隊と合流しようとしたが、秀吉勢の追撃がきびしかったため壊乱状態となり、それが全軍に波及して、柴田軍は総崩れとなった。

これが従来の通説的説明であって、そのとおりなら盛政の無分別な行動がなによりも悪く、それを制止しきれなかった勝家の統率力にも問題があったことになる。そのため、盛政がいうことを聞かないなら、勝家自身が出て行って引っ立ててくるべきであった、秀吉ならそうしただろうなどという批評も、早くからあったらしい。

しかし、真相はまったく違う。このとき従軍していた者の覚書などを含めて、盛政の率いる別働隊は、秀吉勢の攻撃を受けて直ちに壊乱したわけではなく、整然と撤収していったと書いているものがある。それなら、別働隊は再び本隊と合流して、双方対峙《たいじ》しての陣地戦が再開されたはずである。ところが、実際にはそうならなかった。

その理由は、盛政の別働隊と勝家の本隊の、ちょうど中間にいて、掩護《えんご》に当たるはずの前田利家の部隊が突然陣を払って消えてしまったからである。これは後方にいる勝家の本隊のほうからは、別働隊が壊滅したように見えたであろう。一方、前方の別働隊の側からすれば、後方の味方が崩れたと見えたはずである。いや、実際に崩れたのである。

前田利家は、若いときから、なにかと勝家の世話になり、「親父様」と呼んでいたような仲だったが、秀吉とも、かねてから親密だった。それで秀吉の依頼を受けて、そういう行動に出たのだが、戦闘中にそういうことをするのは、一種の裏切りにほかならない。だから、「祖父物語」という史料も、はっきり「ウラギリ」と書いている。

戦後、利家は本領の能登《のと》を安堵《あんど》されただけでなく、加賀の二郡を加増された。負けた側にいて、こんなに厚遇された例はないと高柳光寿氏はいい、それほど利家の〈裏切り〉の価値は高かったのだと説明している。利家のように加増はされなかったが、勝家方にいて本領を安堵された者も何人かいる。彼らも、不戦撤退したのであろう。

そういう形の裏切り者が何人も出たのは、勝家の見通しが甘かったからだとか、人望がなかったからだとかいう見方もあるかもしれないが、それは少し酷であろう。また、利家たちを籠絡《ろうらく》した秀吉の手腕が勝家に勝っていたという批評もあろうが、実は、秀吉の陣営にも勝家に通じていた者がいた。勝家だって打つべき手は打っていたのである。

ついでにいうと、勝家側は戦闘で敗れただけではなく、戦略的にも押されていたかのような見方をする人が多い。だが、一〇三頁でいったように、彼らの側もけっこう活発に動いている。ことに注目されるのは、足利義昭あるいは織田信孝の線を使って、中国の毛利、四国の長宗我部、紀州の雑賀《さいか》衆・根来《ねごろ》衆などの諸勢力との大連合を画策していたことである。これが実現するまで持ちこたえていたら、当時の交通の大動脈である瀬戸内海は、彼らの〈湖水〉と化し、大坂湾を封鎖することも可能になっていただろう。

龍造寺隆信（一五二九〜八四）

龍造寺《りゅうぞうじ》隆信は、肥前佐嘉《ひぜんさが》（佐賀）から起こり、「五州二島の太守」と呼ばれる大勢力となった。五州とは肥前・肥後《ひご》・筑前《ちくぜん》・筑後《ちくご》・豊前《ぶぜん》の諸国、二島とは壱岐《いき》・対馬《つしま》を指しているが、これらがすべて隆信の支配下にあったようにいうのは誇張に過ぎる。

隆信は、天正八年（一五八〇）隠居したが、これは形式的なもので、その後も政治・軍事を主導している。ただ、この前後からタガが緩んできて、芸能に凝《こ》り、遊興にふけるといった姿勢が顕著になってきた。これでは龍造寺家の行く末は危ういと、心ある者は憂えていたという。また、いったん服属した人間を誘殺するようなことをしたため、配下の者たちの不信を買い、離反者を出すようなことにもなった。

こうしたことが負の方向に作用したことは、もちろんであるが、隆信が敗北した直接の原因は、軍事的失敗、それも一つの戦闘での失敗によるものである。他にいろいろ問題はあったとしても、この失敗がなければ、無事に生涯を終えられたかもしれない。

島原半島の有馬家は、いったん隆信と和議を結んだが、薩摩《さつま》の島津家と提携して再び敵対するようになった。その後、島津家と隆信の間に和議が成立して、一時、この問題はおさまったかに見えたが、天正十二年（一五八四）になると、島津家は、また有馬家を応援することとした。怒った隆信は、自ら大軍を率いて島原半島に入り、三月二十四日、沖田《おきた》畷《なわて》で有馬・島津軍と戦って戦死してしまうのである。

総大将が戦場で倒れるという珍しい事例となったこの戦いは、桶狭間《おけはざま》の戦いとよく似たところがある。大軍を擁した側が敗れたところから、大将が馬に乗らず、輿に乗っていたところまでそっくりである。さらに龍造寺家も今川家も、この一戦で直ちに滅亡したわけではなく、次代以降になって国を失ったところも同じである。

しかしながら、重要な点が一つ違っている。今川義元の場合には、その項で説明したように、義元本人には、なにも戦術的過失はなかったのに対し、龍造寺隆信の場合には、それが大有りだったということである。論者によっては、隆信は、戦略的にも、少し考えが足りなかったのではないかという批評をしている。たしかに、そういうこともいえるかもしれないが、戦術的な失敗がなければカバーできたのではないかと思われる。

この戦いに隆信が率いていた兵力については諸説あるが、少なくとも二万五千はあったと見られる。有馬・島津軍についても諸説あるが、多く見積もっても、合わせて一万を越えることはなかっただろうといわれている。

兵力だけではなく、装備や兵質においても、龍造寺軍のほうが卓越していた。宣教師のルイス・フロイスは、隆信をキリスト教の敵と考えていたが、龍造寺軍の隊列を見ると、ヨーロッパの戦術に熟達したもののようであったと評価している。彼らは「多数の銃と少数の弓、長き槍と短き剣」を特色としていたこと、若干の大砲を曳かせていたことも述べている。また、島津軍の兵士などは、龍造寺軍の装備がよく、兵士の強壮であるのを目にして、畏怖の色があったというようなことまで記している。

これなら誰が考えても、龍造寺側が勝って当たり前だということになる。それがそうならなかったのは、大軍を頼んで驕ったからだといわれる。それもあろうが、より正確にいえば、大軍なら大軍の利を生かせる戦い方をすればよかったのに、自ら、その利点を封ずるような戦闘にのめり込んでしまった。これは戦術的失敗以外の何ものでもない。

隆信の没後、龍造寺家は人質を出して島津家と和解したが、中央で勢力を伸ばしてきた豊臣秀吉の命により断交した。その後、秀吉から隆信の嗣子・政家に肥前一国が与えられたが、これを不満としたのか、態度がよろしくなかったということで、隠居を命ぜられた。

この家の実権は、それ以前から補佐に当たってきた重臣で一族でもある鍋島《なべしま》直茂の手に移り、慶長《けいちょう》十二年（一六〇七）、龍造寺本家の断絶に伴って、龍造寺家の家督そのものが直茂の息子・勝茂に移った。

大友宗麟（一五三〇～八七）・義統（一五五八～一六〇五）

大友宗麟《そうりん》（義鎮）は、天文十九年（一五五〇）、父親の不慮の死に伴って家督を継ぎ、豊後・肥後両国の守護となった。その四年後には肥前の守護となり、永禄二年（一五五九）には、豊前・筑前・筑後の守護となり、かつ九州探題《たんだい》ともなった。

その頃から中国の毛利元就との対立抗争が始まり、これは元就の死ぬ元亀二年（一五七一）頃まで断続的に続く。その間には、龍造寺などの諸勢力や一族の者とも戦わねばならなかったが、それらはおおむね毛利家と気脈を通じていた。元就の死後、宗麟の北九州制覇は一応完結するが、今度は南方の島津家との対決が始まる。

天正六年（一五七八）、大友勢は日向に向かったが、十一月、高城《たか》をめぐる戦いで島津軍に大敗し、以後、劣勢に立たされることになる。武田家が長篠の一戦に敗れてから振るわなくなり、ついに滅亡に至ったのとよく似ているが、大友家の場合には、豊臣秀吉にすがることによって、かろうじて滅亡を免れ、豊臣大名として残れたところが違っている。

この戦いは、追撃された大友勢が壊滅した場所の名を取って「耳川の戦い」と呼ばれるが、主戦場は、あくまでも高城の周辺であった。大友勢は六万と称する大軍で日向に侵攻したが、宗麟自身は後方にとどまり、四万ほどの人数で高城を包囲したといわれる。城の守兵は少なかったが、落としきれないでいるうちに、島津の援軍がやってきて戦闘になった。島津軍も四万くらいの兵力だったという。

兵力が伯仲《はくちゅう》していた点は違うが、こうした構図は長篠の戦いとよく似ている。大友側では、自重策をとるか積極策をとるかで意見が割れたが、主戦派が出撃したため、残りの者たちも結局戦闘に加わった。緒戦は大友方有利に見えたが、これは島津方の作戦だった。釣り出されて反撃された大友方は、次第に敗色を濃くし、追撃されてついに壊乱した。

このように見れば、直接の敗因は、みすみす敵の計略に乗ってしまったことにある。そうなったのは、最初に飛び出した者の責任かもしれないが、軍議もまとまらないほど現場指揮官たちの足並みが乱れ、あらかじめ定まった方策もないままに戦闘に入ったことが、そもそも問題である。さらにいえば、そんな体制をつくってしまったのは、総大将たる者の見識のなさ、統率力の欠如が原因だということになる。

そうであれば、後方に漫然と居座《いすわ》って、すべてを部下にまかせ、きちんと指揮をとろうとしなかった宗麟の責任は重大である。しかし、彼は、それ以前に家督を息子の義統《よしむね》に譲っていたという説がある。今回の日向出陣も、義統が大軍を率いてまず出発し、日向各地で戦果をあげたのを見てから、宗麟は腰を上げている。したがって、耳川の敗戦については、宗麟ではなく、義統が責任を負うべきだという意見もあるが、後世の人間には、どちらでもよいことで、大友家側に原因があったことに変わりはない。

宗麟といえば、キリシタン大名として有名だが、受洗したのは意外に遅く、日向に出陣する直前のことであった。彼がキリスト教に傾いてゆくことについては、彼の夫人を初め、一族や家臣の間にも反対者が多かった。息子の義統も必ずしも追随しなかった。結局、夫人とは離婚せざるをえなくなったが、家中に亀裂を生じたことは間違いない。

実は、宗麟の日向出陣は、その地において、キリスト教国を建設するためであった。そのため、途上で神社・仏閣を焼かせたりしたが、そうしたことが非キリスト教徒の将兵に精神的なショックを与え、それが耳川の敗戦につながったのではないかという見方もある。なにかあると、これは神罰ではあるまいか、仏罰ではあるまいかと疑心暗鬼《ぎしんあんき》に陥り、彼らの士気を阻喪《そそう》させたのではないかというのである。

敗戦後のことではあるが、敗走者の間から、そういう声があがったことは、宣教師の報告にもある。また、逃げ帰ってきた現場指揮官が、負けたのは宣教師らのせいだと吹聴《ふいちょう》し、領民たちにも信ずる者がいたともある。直接の敗因は、上にいったとおりだが、宗麟の入信がなにかと悪い影響を与えたことは、あったかもしれない。

宗麟のキリスト教信仰がどこまで本気だったかは、本人に聞いてみない限りわからない。信仰よりも、キリスト教を保護することによって、軍事的・経済的利益を求めようとする気持のほうが強かったのではないかという見方もある。たしかに、彼は、その線で武器や技術の供与を受けているが、そうしたメリットが、失ったものを上回っていたかどうか、判定は難しいところがある。

大友家は、その後、息子の義統が豊後一国を与えられて豊臣大名となったが、朝鮮役の失態で改易された。そのことは九五頁で記したとおりで、義統の場合には、〈負け組〉となった理由は、きわめて明白である。

北条氏政（一五三八〜九〇）・氏照（一五四〇?〜九〇）

小田原の北条家は、天正十八年（一五九〇）、豊臣秀吉と戦って滅亡した。これが秀吉の天下一統の仕上げとなった。軍事的な敗北によって滅亡——正確には、極小大名として残ったが——した代表的な例といえる。

その時点での当主は氏直であったが、実権は父親の氏政が握っていた。また、氏政の弟の氏照も大きな発言力を持っていたようである。したがって、彼らの判断が敗滅につながったことになるが、彼らは秀吉と天下を争おうとしたわけではない。秀吉にとって、天下一統の邪魔になったから、押し潰されたまでである。そうであれば、秀吉に頭を下げてしまえば多少の減封くらいで済んだかもしれないが、彼らは、抵抗の道を選択した。

実は、この家は、織田信長に対しては、かなり協調的というか、すり寄ってゆくような姿勢を取っていたことがある。そういうことができるなら、秀吉に対しても、そうしたらよさそうなものだったが、そうはしなかった。

結果的に、彼らは敗北したが、多くの人は、それは当然だったと見ている。理由は、いろいろあるが、よく挙げられるのは、秀吉率いる〈進んだ〉軍隊に対して、北条家のような〈遅れた〉軍隊ではかなうはずがなかったというものである。

秀吉の軍隊は、兵農分離を果たしていたから、土地に束縛されることなく、いつでも行動できたし、職業的な戦士としての訓練も受けていた。また、そういうことができた前提として、「太閤検地」を経て経済基盤も確立されていた。そのため、万全の補給体制を布くことが可能となり、長期の滞陣に耐えることができたと、この人たちは説明する。もちろん、相手方の北条家は、ことごとくこれと反対だったことになる。

北条家が兵農未分離だったことは事実だが、秀吉側の軍隊もすべて兵農分離を経ていたわけではない。秀吉直属の兵士はともかく、最大の兵力を提供した徳川家にしてからが、ほんの六年前の小牧の戦いでは農村に根こそぎ動員をかけなければならない有様だった。四国、中国、九州あるいは東国から参加した家なども、もちろん同じことである。

また、検地云々というが、検地なら北条家だって初代早雲のときから始めて、全領土で実施している。逆に、豊臣家の場合には、小田原攻めの時点では、まだ手のついていない地域すらあった。そもそも、織田・豊臣の領国運営を非常に進んだもののようにいうが、実態はほとんどわかっていないという黒田基樹氏の指摘もある。どのような税をどのように取っていたかが具体的にわかるのは、皮肉なことに北条家だけだそうである。

籠城《ろうじよう》などという退嬰的な策を選んだことが失敗だったという声も絶えない。これは北条家内部でも議論の分かれたところで、駿河あたりまで進出して戦うべきだという主張もたしかにあった。しかし、駿河は徳川家康領であるから、これを侵犯することになるし、出撃すれば勝てたという保証もない。北条家では、当主・氏直の義父である家康が味方してくれることを、最後まで期待していたのだから、なおさらそういう策は取りえない。

一方、守城策が失敗だったかというと、そういうことでもない。箱根《はこね》・足柄《あしがら》の線で秀吉勢を防ごうとして、簡単に失敗したのはいただけないが、籠城戦術そのものは失敗したわけではない。秀吉は、兵糧攻めを目論んだが、それは成功しなかった。北条家が開城したのは、兵糧が尽きたからではないし、まして城内に敵の侵入を許したからでもない。

それでは、北条氏政らはなぜ負けたのかということになるが、根本論をいえば、見通しの甘さということになろう。彼らは、徳川家康と伊達《だて》政宗が味方してくれると期待していた。たしかに、そうなれば、かなりよい勝負になっただろうが、家康は秀吉陣営から離脱しなかったし、政宗は降伏してしまった。外部から応援の来る当てもなく、敵側の内部分裂も期待できないとなれば、総合力に勝る相手にかなうはずもない。

実は、家康は小牧の戦いのとき、北条家の応援を切望していた。だが、北条家は、言質は与えたものの、関東の反北条勢力への対応に忙しくて手が回らないという理由で、ついに実行しなかった。家康は、それならせめて侍一騎に旗一流でも出してくれれば、秀吉側への牽制になり、味方への励ましにもなるといったが、それも実現しなかった。家康が六年後に容赦なく小田原を攻めたのは、そのときの怨みがあったからではあるまいかと、家康の家臣・渡辺守綱《わたなべもりつな》が語り残している。守綱は「槍半蔵」と呼ばれた人物である。

当時、北条家が反北条勢力への対応に追われていたのは事実だが、これらの勢力は、実は秀吉と気脈を通じていたと見られている。その辺まで考えたら、もう少しやりようはあったはずである。結果論を承知でいえば、北条家としては、このときこそ秀吉に対抗するチャンスであったのに、それがピンとこなかったのか、本腰が入らなかった感じである。

見通しの悪さは、開城に当たっても見られた。宣教師のルイス・フロイスによると、北条方が十分な貯えと大きな兵力を擁していたのに対し、遠国から長途を経てきた秀吉方は、すでに衰弱しており、食糧も不足しつつあったという。そのまま冬になっていたら、包囲は継続できなくなり、北条方に反撃のチャンスが出てきたのに、秀吉は巧みに策謀を用いて開城に導いてしまったというのである。

フロイスも、まったくの与太話を並べたわけではないと思われる。秀吉の策謀というのは、おそらく北条氏政・氏直父子の疎隔《そかく》を図ったことを指しているのであろう。氏直は、弟の氏房とともに城を出て、独断で降伏した。自分が腹を切るから、父親を含めて他の者は助けてくれということだったが、これはいかにも思慮に欠ける行為だった。

秀吉は、得たりとばかり、氏政・氏照兄弟と重臣二人を切腹させることとして決着を付けた。徳富蘇峰氏なども、そこに秀吉の陰謀の存在を見たうえで、なんの交換条件も出さずに降伏してしまった氏直の軽率さを批判している。たしかに、そんな内部の分裂をさらけ出すようなことをせず、上手に交渉していれば、北条家は何ヶ国かを取りとめられたかもしれない。こうしたところにも、この家の見通しの悪さがある。

織田信雄（一五五八～一六三〇）・信孝（一五五八～八三）

この兄弟については、すでに二九頁～、一〇二頁などで触れたが、信雄《のぶかつ》の場合は、ともかくも小大名として残れたのだから、完全な意味での〈負け組〉とはいえない。しかし、ひとたびは天下人であることを志した本人にしてみれば、敗者意識は強かっただろう。異母弟の信孝のほうは、命まで落としてしまったのだから、まぎれもない敗者である。

彼らが、なぜ敗者となったかは、その経緯を見ればはっきりしている。信雄の場合には、天下人になりたいという〈山っ気〉だけは人一倍旺盛《おうせい》だったが、資質・能力が悪過ぎて、追いつかなかったのである。覇者の息子というだけが〈看板〉では無理である。

この当時来日していた宣教師たちは、信長はもちろん、その息子たちについても、いろいろと論評している。生きているうちは褒めちぎり、死んでしまうと手のひらを返すように酷評するのが決まったパターンだが、この信雄ばかりは、健在なうちから、阿呆かと罵られている。こうしたことを見ても、彼に対する周囲の評価がわかる。

小牧の戦いで、信雄は徳川家康と組んで秀吉と戦った。信雄が家康に依頼したのか、家康が信雄を乗せたのかは議論の分かれるところだが、とにかく共同戦線を張ったには違いない。ところが、形勢不利になってくると、信雄は家康に相談することもなく、自分だけさっさと講和してしまった。信じがたいほどのいい加減さである。

しかし、この臆病さ、凡庸さが、彼を救ったといえなくもない。前述したように、秀吉は、彼に対して手きびしい扱いをしたが、命を取ることはしなかった。生かしておいても、どうせ大したことはできない相手なのだから、主君の息子を殺したなどという非難を被らないほうがよい。再三裏切られた家康が、彼を許したのも似たような理由からだろう。

信雄と同年の信孝は、信長が死んだときの身代は、余ほど小さかった。それでも、世間の評価は、だいぶ上だった。その頃、信孝に仕えていた九鬼《くき》広隆は、山崎の戦いの後、世間では、信孝が天下人になるだろうと噂していたと記している。これは必ずしも家臣の欲目ではなく、宣教師なども、彼の治世に期待するようなことを書き残している。

信孝は、信雄などにくらべれば、ずっとマシな人物と見られていたことはわかるが、信長の息子という〈看板〉を外した場合、その能力・資質をどこまで評価できるかは疑問である。彼は、「清洲会議」で美濃一国を得たが、柴田勝家と組んで秀吉に対抗しようとした。自分が天下人になれないのが不満だったというより、秀吉が天下人として振舞うのが許せないという思いのほうが強かったのだろう。

秀吉は、天正十年（一五八二）冬、北国の勝家が雪で動けない間に信孝を攻撃した。秀吉は、しきりに裏工作を施して、信孝配下の美濃侍を切り崩してしまったので、信孝も抵抗できなかった。いったん屈服した信孝は、翌年、勝家が出兵したのを見て、再び挙兵したが、その勝家が滅亡したため、自殺に追い込まれた。

勝家の側にも十分勝機があったことは、すでに述べたとおりであるから、そうなっていたら、信孝はもちろん無事だったであろう。勝家が信孝を始末するようなことは、考え難いからである。ただ、勝家は、名目上はいまだ将軍であった足利義昭をかつぐ姿勢を取っていたから、信孝が天下人となることは難しかったであろう。

信孝は、信雄などよりもずっと気概もあり、ある程度の能力もそなえていたことはうかがえるが、だからといって、それで自立してやっていけるものではなかった。むしろ、なまじそうした〈長所〉があったことが、命取りとなった。信雄とは違って、生かしておいては面倒だから、秀吉も信雄をそそのかして始末させてしまったのである。

石田三成（一五六〇〜一六〇〇）

徳川家康は勝つべくして勝ったなどといっている人たちからすれば、石田三成の敗因は、きわめてはっきりしている。そもそも、三成が家康に対抗しようとしたことが間違っていたのだから、負けるのは当然であった。もし勝っていたら、どうかしているのである。

たしかに、三成と家康では、初めから差があり過ぎた。そのことは第三章の4で説明したとおりである。もし、家康と三成の立場が逆だったら、つまり二百五十万石にも及ぼうという大大名で豊臣家大老だったのが三成で、二十万石足らずの側近大名だったのが家康であったら、「関ヶ原」などというドラマは、絶対にありえなかっただろう。家康は、三成に対抗することなど考えもせず、ひたすら平身低頭していたに違いない。

一方の主役が三成のような人間であったからこそ、ああいう大騒ぎになってしまったのだといえる。それでも対決が最初から結末が見えるようなものだったら、「天下分け目」の大合戦などに至るまでもなく、勝負はついてしまっただろう。それがそうならずに、どちらが勝っても不思議ではないところまでいってしまったのだから、三成の企てそのものに敗因があったというような理屈は成り立たない。

〈家康派〉の人たちは、先の先まで読んだ家康が次々と妙手を連発していったのに対して、三成のほうは、悪手ばかり打っていたようなことをいいたがる。これもまた、三成は身のほど知らずの企てをしたという批判につながるものだが、すべてが家康の目論見どおりに進んだなどという事実はない。そのことは、一四四頁でいったとおりである。

三成側の対応がすぐれていたとはいえないが、別に問題があったわけでもない。くり返すが、地位・身代の大きな格差を埋めて、決戦まで持ち込んだだけでも、三成の〈手柄〉というべきだろう。強いていうならば、さっさと家康を暗殺してしまえという、謀臣・島《しま》左近《さこん》(清興)の進言を用いなかったのが失敗だったといえばいえる。

島は、いかにも優秀な戦術家らしく、どういう手段を使ってでも、家康さえ始末してしまえばよいという明快な対応を考えた。彼のいうとおりに運んでいたら、関ヶ原の戦いなど見る前に、歴史の方向は変わっていたかもしれない。しかし、名分にこだわる三成は、彼の進言に従わなかった。こうしたところは、三成の〈欠陥〉である。

関ヶ原本戦についても、家康は大垣城に集結していた西軍を謀略を用いて引き出し、得意の野戦に持ち込んで快勝したなどという人が、いまだに少なくない。しかし、最近の藤井尚夫氏などの研究によれば、西軍が大垣を出て関ヶ原に展開したのは、予定の行動であった。彼らは、あらかじめ野戦築城を施していて、そこに東軍を引き付けて戦ったのである。そのため東軍は、半数にも満たない西軍に阻止されて、どうにもならない状態になってしまった。

そのままでは、東軍は長篠の戦いにおける武田勢の二の舞となって敗退しかねないところだったが、それを救ったのは西軍の小早川《こばやかわ》秀秋が突然背後から味方を襲ったことであった。東軍に内通していた吉川《きっかわ》広家が事情を知らない諸隊を牽制《けんせい》して動かさず、多数の〈遊び駒〉をつくったことも、東軍勝利に貢献した。要するに、積極的裏切りと消極的裏切りが家康を救い、三成を敗者にしたということである。

もっとも、そうしたことは、あらかじめ家康が手配しておいたことであった。それだけの周到さが家康にはあったが、三成には欠けていたとして、二人の将才の差を云々したがる人もいるだろう。だが、裏切りというものは、約束しておいたからといって、必ず実現するものではないし、実際にも、容易に行われなかった。その辺の事情は、他の著書（『戦国15大合戦の真相』など）で何度も記したことなので、くり返しは避けるが、家康の勝利は、さんざん危ない橋を渡った末の、結果オーライといったようなものだった。

となれば、三成の敗因は、ツキのなさに帰着してしまうが、もっと根本的な見方もあるかもしれない。最初に三成と家康の立場が逆だったらどうだったかといったが、そもそも三成は、なにもしなくてもよかったはずである。彼程度の地位であったら、それで許されたし、家康にしても三成が素直に従ってくれれば、使い道のある人材として歓迎したかもしれない。三成は中級大名として、そのまま生き延びられた可能性も高い。

ところが三成には、地位不相応のやる気があり、それを裏打ちするほどの能力があった。そのため、主家のためになんとかしようという志《こころざし》を立てたが、結局失敗した。彼が、人は分相応に振舞うべきだとか、長い物には巻かれたほうがよいとかいった哲学の持ち主だったら、そんなことにはならなかっただろう。

戦前の立身出世思想では、地位・身分は低くても、やる気のある人間が志を立てて能力を発揮するのを非常によいことのようにいった。一介の放浪児から天下人まで登りつめた豊臣秀吉などが適例である。今日の〈勝ち組〉論議でも、似たようなことがありそうだが、実際には、悲惨なことになる場合も多い。

たとえば、最近、見直されつつある幕末の幕臣・小栗上野介《おぐりこうずけのすけ》（忠順）なども、その例である。彼は、傾きかけた徳川家を一人で支える気概をもって奮闘したが、最終的には主君の徳川慶喜《よしのぶ》にも見捨てられ、捕らえられて処刑された。中里介山氏は、『大菩薩峠《だいぼさつとうげ》』の中で小栗を三成に比しているが、置かれた立場、年恰好から、人柄・性格、ものの考え方、最期の状況に至るまで、二人はまことによく似ている。ただ、ともかくも中級大名だった三成に対し、小栗は二千七百石の旗本に過ぎなかったのだから、地位と志の大きさの落差は、さらにははなはだしい。

真田昌幸（一五四七～一六一一）・幸村（一五六七～一六一五）

真田昌幸については後にまた触れるが、戦国の風雲の中をきわどく生き延びて、豊臣大名の一員となった。そんな男だから、関ヶ原のときも、石田三成とは違って、豊臣家のために立ち上がったとは考え難いが、地位不相応のやる気と能力をそなえた人間だったところは共通である。彼の場合、所領は三万八千石に過ぎなかったから、二十万石近い所領のあった三成より、もっとすさまじい。

昌幸は、今流にいえば、小学校に入ってから大学を卒業するくらいまでの期間を武田信玄の傍らで過ごしている。その間、信玄流の政略、戦略・戦術、外交、民治などを直接学んだに違いない。信玄も、彼を高く評価していて、いわば〈信玄学校〉の優等生というところだが、この弟子には師匠以上に大胆なところもあった。彼は、関ヶ原という大舞台で大勝負に打って出たが、信玄なら、そこまでの冒険は、やろうとしなかったかもしれない。

もっとも、大胆と無謀とは紙一重といったところがあるが、昌幸の打ったバクチは必ずしも成算のないものではなかった。客観的にも、そういえるが、昌幸のほうにも自負があったであろう。よく、プロ野球の世界に〈優勝請負人《うけおいにん》〉といわれる選手が現れるが、昌幸にも、そうした一面がある。自分が加われば、西軍勝利の可能性は、何十パーセントかはね上がると、彼は読んでいたに違いない。

それにもかかわらず、彼の企てが失敗に終わったことは、すでに見たとおりである（一四二頁）。そうなったのは、三成の場合と同様、ツキの有無としかいいようがないが、ツキとか偶然で物事を説明するのを嫌う人たちは、そうは見ない。そこで、彼は見通しを誤ったとかなんとかいいたがるのだが、それは結果論に過ぎない。

夢破れた昌幸は高野山麓で淋しく病死した。最後まで再チャレンジを夢見て、逆転の秘策を考えていたというような話もあるが、それは事実ではなさそうである。現実には、心身ともに衰え、往年の気力も尽きて、ひたすら赦免を願うだけの老人になってしまっていたらしい。その死後、三年して大坂の陣が始まり、昌幸とともに暮らしていた次男・幸村《ゆきむら》

(信繁)が大坂方に加わった。

幸村の入城は、豊臣家に対する義心によるといった説明をされることが多い。これに対して、前途に望みもないまま四十八歳にもなり、生活も苦しくなっていた幸村が〈死に場所〉を求めたのだという、やや辛辣《しんらつ》な見方もある。本当のところは、本人に聞いてみなければわからないが、幸村としては、豊臣勝利の目はまったくないとは考えていなかっただろう。父親同様、自分ががんばれば……という自負もあったかもしれない。

彼は軍師として招かれ、参謀長的立場に就いたとされているが、単なる俗説に過ぎない。あらかじめ多額の金銀を与えられるなど、かなりの好条件で迎えられたには違いないが、その立場は、どこまでも一種の〈傭兵隊長〉的なものであった。入城後、いろいろと構想を提示したと思われるが、採用されることはなかった。

幸村の戦術的な提案が受け入れられたのは、皮肉なことに夏の陣の最終段階においてであった。幸村は、大御所・家康の首を取ることに目標をしぼっていたと見られる。関ヶ原のとき、石田三成の謀臣・島左近が考えたところに似ている。その構想は、もう一歩で実現するところまでいったが、結局は敗北に終わった。

父親の場合と違って、息子の幸村の敗因は、きわめてはっきりしている。もともと豊臣方の企てには無理があった。その証拠に、諸侯クラスで大坂方に加担した者は一人もいない。豊臣直属の連中を別にすれば、城に入ったのは、後述するように〈負け組〉ばかりであった。関ヶ原のとき、西軍勝利と読んだ大名たちが大勢いたのとは大違いである。

そういう状況の中で、あわや逆転勝利というところまで持っていった大坂方の奮闘は、高く評価されるべきかもしれない。ことに幸村の働きは、きわ立っていた。〈負け組〉は貶《おとし》められるのが普通なのに、彼が例外的に畏敬される敗者の一人となったのも不思議ではない。その点についても、次の章の2で改めて述べる。

第五章　〈負け組〉はどうなったか

1 敗者の運命

命を落とした者、生き延びた者

〈負け組〉に属した者がどうなったかについては、第一章から第三章までで、かなり述べてきたが、もっともはっきりしているのは、敗北して命を落としたケースである。といっても、命の落とし方にもさまざまな形があるが、典型例として、誰しも思い浮かべるのは戦死であろう。戦場で討死した敗者は、数え切れないほどいる。

ただ、意外なことに、総大将が戦場で討ち取られたという例は、ほとんど見当たらない。わずかに思い当たるのは、古河公方《こがくぼう》・足利政氏の次男で小弓御所と奉られていた足利義明(一五三八没)、桶狭間《おけはざま》で戦死した今川義元(一五六〇没)、肥前《ひぜん》を中心に大きな勢力を持っていた龍造寺《りゅうぞうじ》隆信(一五八四没)の三例くらいのものである。このうち、義元と隆信の場合は、たしかに戦場で倒れたが、そのまま家が絶えたというわけではない。

彼らに次ぐクラスの大物としては、斎藤道三(一五五六没)と石成《いわなり》友通(一五七三没)が戦場で死んでいる。ただ、道三はすでに当主ではなかったし、三好三人衆の一人の石成も、天下支配の一翼をになった昔日の面影はなかった。明智光秀（一五八二没）も戦死組といえるが、これは敗走中に討たれたものである。

自殺した人間も数限りなくいる。戦い敗れて戦場で自殺した例としては、前に挙げた大谷吉継（一六〇〇没）などがあるし、居城で腹を切ったものとしては、〈姦雄《かんゆう》〉松永久秀（一五七七没）、播磨三木《はりまみき》城主の別所長治《べっしょながはる》（一五八〇没）、賤ヶ岳《しずがたけ》で敗れた柴田勝家（一五八三没）、大坂城の豊臣秀頼（一六一五没）などいくらも例がある。周防《すおう》の大内義隆（一五五一没）、甲《か》斐《い》の武田勝頼（一五八二没）など、本拠から逃れた後に自殺した例も多い。

信長の三男・織田信孝（一五八三没）も勝家の没落に伴って自殺せざるをえなくなったが、これは一種の刑死に近い。秀吉に敗れた関東の北条氏政・氏照（一五九〇没）、秀吉に粛清された養子の秀次（一五九五没）の場合も同様である。

純粋な刑死というのもけっこうある。信長と袂《たもと》を分かった波多野秀治《はたのひではる》兄弟（一五七九没）は、捕らえられて磔《はりつけ》にかけられた。関ヶ原の敗者である石田三成（一六〇〇没）、安国寺《あんこくじ》恵瓊《えけい》（同）、小西行長（同）らも刑死組である。関ヶ原で負けたが命は助かった長宗我部《ちょうそかべ》盛親《もりちか》（一六一五没）は、大坂の陣で城方に加わって処刑された。

謀殺の事例も少なくない。典型的なのは、伊勢《いせ》の国司だった北畠具教《きたばたけとものり》（一五七六没）であるが、その具教を謀殺させた信長の最期も一種の謀殺といえばいえる。また、松永久秀らに御所を襲われて死んだ足利十三代将軍・義輝《よしてる》（一五六五没）も同様である。

敗者となっても、しぶとく生き続けた人もいる。信長に背いて没落した荒木村重《あらきむらしげ》は、家族や家臣を多数殺されながら、本人は〈畳の上〉で死ぬことができた。信長の死後、すべて裏目に出た感のある滝川一益《たきがわかずます》なども同様で、ともかく安穏な死を迎えたようだ。

長命した敗者も少なくない。斎藤道三に国を奪われた土岐頼芸《ときよりなり》は、各地を流浪しながらも、八十歳を越えるまで生きた。今川義元の息子で国を失った氏真《うじざね》も、七十七歳まで生きている。信長の次男・信雄も〈負け組〉といえばいえるが、これも七十三歳という当時としてはかなりの長寿だった。こうした例を見ていて、阿呆は苦労が身に沁みないものらしいと評した人がいるが、さてどんなものだろうか。

以上は、〈負け組〉のうち上層の人たちの動向だが、それでは中以下はどうだったのだろうか。この時代の一般の武士たちには、「二君に仕えず」などという観念はそもそもない。自分が受けている恩恵に応じて忠誠心を発揮することになるが、それも理屈どおり、きちんと実践されたわけではない。ある程度の位置にいた者でも、そうだったのだから、もっと下のクラスになったら、主家に殉ずることなど考えるはずもないのである。

ということで、敗戦となれば、逃げ出す者が多かったのは当然である。はっきり勝敗が決まらなくても、味方が負けそうだと見れば、浮き足立つのが普通であった。当時の史料を見ていれば、そうした事例は、うんざりするほど出てくる。

それでは、彼らは無事に生き延びられたのだろうか。わが国にはジェノサイド（皆殺し）思想といったものは、一般的には見当たらない。それらしいものは、織田信長が長島や越前《えち》《ぜん》の一向一揆《いっこういっき》に対して行ったところとか、島原の乱のときの幕府軍の対応とかに見られる程度である。国民性ということもあろうが、追い詰めて徹底抗戦されては味方の損害が大きくなるとか、敵側の人間も人的資源として生かして使いたいとかいう思惑もあった。

それなら下っ端の連中は、無事に生き延びられそうなものだが、その一方で、この時代には、功名の証しとして敵の首を取るという慣わしが広く行きわたっていた。首を取りやすいのは、もちろん勝ち戦の場合である。置き去りにされた負傷者や戦意を失って逃げる者の首を取るのは、特に容易だから、そういう者たちがことさら狙われた。

その場合、ひとかどの侍なら馬に乗っているから逃げやすいし、従者に助けてもらうこともできる。また、甲冑を着けていれば致命傷も負い難いから、助かる確率は高い。そういう条件のない下級の武士や雑人は悲惨である。江戸時代の軍学者・大道寺友山《だいどうじゆうざん》は、仮に合戦で戦死者が千人出たとすると、侍分はせいぜい百人か百五十人くらいのもので、残りは足軽、長柄《ながえ》（槍足軽）、旗持ち、雑人の類だったと記している。

これは江戸初期生まれの友山の実体験ではなく、古老などから聞かされたのだろうが、当時の史料を見れば、ほぼ事実と考えてよい。また、なんとか助かっても身代金を取られたり、身柄を売られてしまうようなことも少なくなかった。下級の〈負け組〉にとっても、現実はかなりきびしいものだったといえる。

没落した家の選択と行方

〈負け組〉となって没落した家の主あるいはその子孫は、どうなったかについては、これまで必要に応じて説明してきた。それらをまとめてみると、大名クラスであれば、再び大名に復帰できた家、幕府の旗本となった家、他の大名家の家臣となった家、民間に入った家、跡形もなくなった家といった分類になるだろう。大名クラスには至らない上層の武士たちの家の場合も、ほぼ似たようなものである。

大名復帰組としては、これまで挙げた例でも、信濃《しなの》の小笠原《おがさわら》家などがあるし、美濃《みの》の土岐家も嫡流ではないが、一族がまた大名となっている。やや変則的だが、陸奥《むつ》の田村家なども、一度消えた大名家の看板を、また掛け直した例である。もっと特異な例としては、古河公方足利家の子孫が、名字を喜連川《きつれがわ》と改めて、知行は旗本並みながら、処遇としては大名として扱われ、高い席次を与えられていたというケースがある。

関ヶ原の箇所で取り上げた改易大名の中にも、丹羽《にわ》長重、立花《たちばな》宗茂など大名として復帰できた者が何人もいる。織田信雄《のぶかつ》のように、豊臣時代にも改易されたが復帰し、関ヶ原でまた改易されてまた復帰したという珍しい例もある。

この織田信雄の弟二人がそうであったように、徳川幕府の旗本となった事例もきわめて多い。守護大名の系統では、畠山《はたけやま》、大友、武田、今川などの諸家が、幕府の儀式などを掌《つかさど》る高家《こうけ》となっている。ほかにも、山名《やまな》、一色《いっしき》、最上《もがみ》など諸家の子孫が旗本となった。土岐家も嫡流である頼芸の子孫は、大名ではなく旗本として家名を保っている。その頼芸から美濃を奪った斎藤道三の末裔という家も旗本に名を連ねているから「呉越同舟《ごえつどうしゆう》」だ。

織田・豊臣時代の大名の子孫では、別所、堀内《ほりのうち》、桑山、田中、筑紫、富田、由良《ゆら》（横瀬）等々その例は枚挙に暇《いとま》がないほどある。このうち由良家は高家である。越前に隠遁して死んだ滝川一益の子孫も旗本となったし、その盟友・柴田勝家も甥が家名を継いで旗本となった。絶家したと思われがちな福島正則の系統も、実は旗本として続いている。

他の大名家に仕えた例もきわめて多く、逐一拾いきれないほどである。顕著な例としては、山陰の大勢力だった尼子《あまご》家が毛利の軍門に降り、子孫はその家臣となって、本来の名字である「佐々木」を称している。佐竹家における蘆名《あしな》家、伊達《だて》家における留守《るす》家のように、一族である旧大名を重臣として抱え込んだ例もある。

米沢《よねざわ》藩・上杉家が信濃の村上とか上野《こうずけ》の長尾とかいった、従来から庇護していた家の末裔を抱えていたのは不思議でないが、面白いのは武田信玄の子孫まで仕えていることだ。信玄の息子・勝頼と謙信の養子・景勝が同盟関係にあったことによるものであろう。

豊臣家のいわゆる五奉行の一人・長束《なつか》正家の子孫は、浅野家に仕えた。浅野家は、奉行として同輩だった家である。石田三成も奉行の一人だが、その子孫が名字を替えて津軽家にいたという説がある。真偽は確認が難しい。

民間に入った例のうち、面白そうな話としては、大坂城の幹部だった大野治房《はるふさ》の子孫が今日の東京都豊島区内で名主になっていると大田南畝《おおたなんぽ》(蜀山人)の『一話一言』にある。治房は強硬な主戦派で、元和《げんな》元年(一六一五)の落城時に行方をくらましたため、その後何十年も追跡されたことが、同じ本の別の箇所に載っている。しかし、妻子は助命されたともあるから、その者たちか子孫が江戸に出てきたのかもしれない。

以上は、〈負け組〉とはいっても、上層部の人たちの話だが、もう少し下の中以下のクラスはどうだったのだろうか。彼らの行く先は大きく分けて二つ、他家に転仕するか、帰農するかのいずれかである。いずれの事例も山ほどあるが、転仕組で有名なのは、武田家の遺臣が、旗本クラスから足軽クラスに至るまで、ごっそり徳川家に抱えられた例がある。

信玄時代に鍛えられた彼らは、精強なことで知られていた。家康は、彼らを自身の直属としたり、重臣たちに付属させたりした。井伊家の赤備《あかぞな》え（甲冑・馬具などを赤色に統一した部隊）は有名だが、これは彼らが武田の遺風を持ち込んだものである。

武田家の滅亡から三年後の天正十三年（一五八五）、秀吉の紀州攻めが行われた。それによって、〈負け組〉となった国人《こくじん》・地侍などは身の振り方を決めねばならなかった。その中には、根来寺《ねごろじ》の衆のように、家康との旧縁を頼って、まとまった数が身を寄せたような例もある。これが後の幕府根来同心の起こりで、武田の遺臣の一部が八王子《はちおうじ》千人同心となったのと、揆を一にしたものである。

そうした例もあるが、その他の連中は、それぞれに道を選んだようである。その状況を江戸時代の前期にできたと見られる「南紀士姓旧事記」などでたどると、武士をやめずに新しい仕官先を求めた者と武士をやめて民間の人間となった者とに分かれている。

武士であろうとする者が、どこか仕官の場を求めて落ち着くことを、当時の言葉で「有り付く」というが、彼らの有り付き先は、きわめて多様である。他国へ出て行った者も少なくないし、さしあたり新しい国主に仕えた者も、その後の関ヶ原の際の変動などに伴って、また去就《きよしゆう》を決め直さなければならなかった。その結果、新国主・浅野家に仕えた者で、同家の国替えによって安芸《あき》広島へ移った例もある。もちろん、ずっと腰を据えていて、その後入国した紀州徳川家に仕えたような者もかなりいる。

武士をやめた場合には、帰農して在所に腰を落ち着けるのが普通だが、この国の場合、町人になった、商人になったという例がいくつか見られる。その中には、江戸へ出て行って商売をしている者もいたようだ。これは、お国柄ということなのだろうか。

2　敗者の評価

貶められる敗者

前章の1でいったように、結果論的な人物評価が横行している社会では、敗者は、どうしても貶《おとし》められることになる。そういうことは、洋の東西を問わず、珍しいことではないのかもしれないが、わが国では、特にそれが著しいのではあるまいか。なにしろ、「勝てば官軍」という諺《ことわざ》が、揶揄《やゆ》でも反語でもなく、いまだに通用しているお国柄である。

『史記』を著した司馬遷《しばせん》は、漢の王室に仕えた人だが、漢の最大の敵であった楚《そ》の項羽《こうう》のために「本紀《ほんぎ》」を立てている。これは歴代の帝王の事績を述べるものであるから、中国全土を制覇したわけでもない敗者の項羽と、漢王朝を立てた高祖《こうそ》（劉邦）をまったく同列に扱っていることになる。わが国には、そこまで大胆なことをやった歴史家はいない。

それどころか石田三成などは、江戸時代を通じて、単なる敗者ではなく謀反人だという、とんでもない評価をされ続けた。それはおかしいといったのは、家康の孫の水戸光圀《みとみつくに》くらいのものだが、黄門さまの意見に同調した人は、ほんのわずかしかいなかった。

光圀にいわせれば、主家のために志《こころざし》を立て、事を行うのは、人臣として当然のことであるから、当家の敵であるからといって、三成を憎んではいけないというのである。光圀の信奉した朱子学的論理からすれば、それは当然であった。徳川家の家臣が徳川家に忠誠を尽くさず、他家のほうが立派だなどといって、そちらへ色目を使ったりしていたら、徳川体制など初めから成り立ちようがなくなってしまう。

欧米にも、カルタゴのハンニバル、フランスのナポレオン・ボナパルト、アメリカ南北戦争で南軍を率いたリー将軍など、まぎれもない敗者がいる。だが、彼らは敗将となったというだけで低評価されるとか、いわんや非難・誹謗《ひぼう》されるということはなかった。まして彼らに打ち勝ったローマのスキピオ、イギリスのウェリントン、北軍のグラント将軍が、単に勝者であったというだけの理由で、彼ら以上に尊敬されることもなかった。

わが国の場合、戦国以前に貶められずに済んだ敗者がいるとすれば、源義経と楠木正成くらいのものであろう。義経の場合は、「判官贔屓《ほうがんびいき》」という同情論に支えられた結果であって、政治的な事績などが評価されているわけではない。正成の場合は、無類の戦さ上手というところが、多くの支持者を生んだ理由だが、近世以降になると、彼の属した王朝（南朝）が正統とされたため、政治的な意味では敗者ではなくなった。

例外的に畏敬された敗者

こういう風土の中で、貶められることがなかった戦国の敗者を見つけるのは難しい。まして畏敬された敗者など、ほとんどいない。わずかに、関ヶ原における島左近《しまさこん》（清興）と大谷吉継、大坂の陣における真田幸村《ゆきむら》（信繁）が思い当たるくらいのものである。

三人とも、歴史ファンの間では、よく知られた存在なので、蛇足を加えるまでもあるまいが、島は大和《やまと》の筒井《つつい》家の浪人である。若い頃、武田信玄のところで働いたり、筒井家を去った後は蒲生氏郷《がもううじさと》に属したこともあったらしい。石田三成がまだ四万石の身代であった頃、半分の二万石を与えて召し抱えたという伝承は有名である。

関ヶ原のとき、島が三成に家康暗殺をすすめて用いられなかったことは、すでに触れたが、その後もずっと戦略・戦術両面で三成を補佐している。本戦では陣頭に立って戦い、数にまさる東軍諸隊の攻撃を何度も撃退した。最後は敵中に突入して戦死したとされているが、死骸が見つからなかったため、さまざまな憶測を呼んだ。江戸時代によく読まれた軍記や史譚集では、彼は比類のない勇将として讃えられている。

三成との友情を重んじて西軍に加わり、失明した身でありながら、戦略・戦術面で三成を援けたとされる大谷吉継も江戸時代に讃えられていた一人である。関ヶ原本戦の勝敗を決めたのは小早川《こばやかわ》秀秋の裏切りだが、吉継は、秀秋の二心を察知して、あらかじめ、それを封ずる布陣をしていた。しかし、万一、秀秋が裏切った場合、それと戦うべき連中までが裏切ってしまうとは、吉継も読みきれなかった。

関ヶ原に出た西軍の諸将のうち、多くは戦場を離脱したが、吉継は最後まで踏みとどまって自殺した。彼と同陣していた戸田勝成、平塚為広も裏切り組と戦って戦死した。そういう最期の遂げ方が、いっそう吉継の評価を高めたといえる。もちろん、戸田・平塚も敗者として貶められることはなかった。

ずっと家康と喧嘩した真田昌幸は、江戸時代においては、評判がよくなかった。息子の幸村も、家康を狙ったが、それ故に悪くいわれるようなことはなかった。新井白石なども、『藩翰譜《はんかんふ》』で、昌幸については、批判的と取れる書きぶりをしているが、幸村については、「大坂の軍起こりし時、子息大助引き具して城中に籠もり、類なき振る舞いして、父子ともに打死す」と賞賛気味の筆致である。

すでに触れたように、真田家は、関ヶ原の後は昌幸の長男・信之《のぶゆき》によって維持されていた。この家は、幸村の大坂入城によって、あらぬ疑いを受けたりして迷惑を被ったはずだが、それにもかかわらず、後々まで尊敬の眼差しで彼を見ていた。同家関係の史料(「仰応貴録」)は、幸村が大坂へ入った後、家康は叔父の信尹《のぶただ》を通じて再三招いたが、ついに応じることなく、城方のために奮闘して死んだといい、「(幸村の)御名は天下に輝き候へども、御軍慮空しく御討死遊ばされ候」と最大級の賛辞を呈している。

こういう感情は、真田側の身びいきではなく、江戸の一般人にも通ずるものであった。『真田三代記』という小説があって、幸村がいかに徳川勢を苦しめたかを、あることないこと取り混ぜて……といいたいが、ほとんどフィクションで並べ立てている。幸村にやられて、たびたび見っともない目にあったと、家康をコケにするようなことまで書きながら、「さてかくまでも真田が謀りし事も、ついに遁《のが》れたまふ大御所(家康)の運強くましますことめでたけれ」とぬけぬけと結んでいるのは、さすがこの時代の作品である。

前章でいったように、大坂へ入った幸村は、なかなか思うようには構想を実現できず、最終的には、ひたすら家康の首を狙うよりほかなかった。最初に、家康の首を取りに行こうとした島左近と順序は逆である。その結果、あわやというところまでは行ったが、結局成功せず、「御軍慮空しく御討死遊ばされ」ることとなった。

畏敬された敗者としては、八四頁で取り上げた丹波《たんば》の豪族・波多野秀治と宗高(宗長?)

のように死後贈位された例がある。ただし、これは皇国史観に基づく政治的な配慮によるものであって、一般人が彼らのことを知って、尊敬の念を新たにしたということではない。

庶民の目ということでいうならば、丹波の旧領地で明智光秀がこっそり祀《まつ》り続けられていたような例がある。後に御霊《ごりょう》神社として立派な社殿に納まったが、よき領主としての彼に対する敬愛の念と鎮魂の意味によるものであろう。柴田勝家も、明治以後になってではあるが、福井市内の居城址に柴田神社として祀られている。彼は大衆的人気の乏しい人だが、福井の町の基礎を築いたとして、地元では敬愛されているのである。

そのほか、武田家滅亡のとき、信州高遠《たかとお》で奮闘して死んだ武田信玄の息子・仁科《にしな》盛信一党はまず地元の人たちによって城外の山に祀られた。さらに領主によって城内に新城社として祀られている。同じような事例であるが、鎮魂の意味のほうが強いのかもしれない。肥前島原で戦死した龍造寺隆信の祀られ方なども、これに似たところがある。

3 〈負け組〉の再チャレンジ

再チャレンジさまざま

戦乱が続いていた時期には、うかうかしていると没落してしまう可能性も高かったが、どさくさに乗じて、また失地回復を図れる機会も多かったと思われる。いったん、本拠を追われながら、これを取り返したような例も少なくない。

同族の京極《きょうごく》家に属して出雲《いずも》の守護代を務めていた尼子経久は、文明《ぶんめい》十六年(一四八四)守護代を罷免され、本拠の富田城からも追放された。しかし、翌々年奇計をもって富田城を奪い返し、次第に勢力を拡大したといわれる。

龍造寺家は、肥前佐賀付近の国人領主として力を貯えていた。少弐《しょうに》家の重臣として、衰退気味の同家を援けたが、少弐一族の中には、快く思わない者たちがおり、天文《てんぶん》十四年(一五四五)、彼らの策謀によって大打撃を被った。高齢の家兼(剛忠)は、本拠を捨てて筑《ちく》後《ご》に退かざるをえなかったが、間もなく本拠を奪回している。この家兼の曾孫が、後に北九州で大きな勢力を持つこととなる隆信である。

信州の真田家なども、天文十年（一五四一）、武田信虎が村上・諏訪《すわ》両家を語らって侵攻してきたとき、本家の海野家とともに戦ったが、敗れて上野に逃れた。その後、信虎が息子の晴信（後の信玄）に追放されるなど、状況が変わったこともあってか、数年後には晴信に従い、天文二十年に旧領を回復している。

美作高田《みまさかたかだ》城を本拠とした三浦家のようなすさまじい例もある。この家は、相模《さがみ》の三浦一族の流れで、室町時代初期にこの地へやってきたが、戦国の世になってからは、尼子、毛利、宇喜多《うきた》など近隣の諸強豪にはさまれて悪戦苦闘せざるをえなかった。そのため、天文十七年（一五四八）から天正《てんしょう》四年（一五七六）までの間に四度城を奪われたが、三度までは取り返しに成功している。しかし、最後に毛利・宇喜多軍に敗れて他国へ逃れた後は、ついに力尽きたものか再起はならなかった。

天下人《てんかびと》交替の混乱に乗じて再チャレンジを試みた例としては、前に触れた安藤守就《もりなり》がいる。旧美濃三人衆の一人で信長に追放された安藤は、本能寺の変（一五八二）の勃発を見て、旧領回復のため挙兵したが、結局、失敗に終わった。この種の再チャレンジの大がかりなものとしては、次に取り上げる大坂の陣の事例がある。

再チャレンジといったようなことは、諸侯クラスばかりではなく、それより下の武士たちの間でも、もちろん行われている。逐一、拾うことはできないが、山内一豊《やまうちかつとよ》の家なども、父親は、信長と戦って潰された尾張《おわり》岩倉の織田家の重臣であったということであるから、いったんは〈負け組〉となったのである。

その後、一豊は、尾張で再仕官ができずに、他国へ流れていったといわれるが、いつの時点からか信長に仕えるようになった。奥さんのへソクリで買ってもらった名馬が信長の目にとまったのが出世のきっかけになったというのは与太話だが、秀吉に付属させられてから次第に上昇し、ついに大名に取り立てられた。

天正十年（一五八二）滅亡した武田家の旧臣たちは、仕えるべき家を失っただけでなく、比較的上層の者の中には、織田側のきびしい残党狩りによって命を落としたり、危うい目にあった者も多かった。依田信蕃《よだのぶしげ》や三枝虎吉《さえぐさとらよし》のように家康のすすめで身を潜めて助かった者もいる。まさか信長の死を予測していたわけでもあるまいに、信長の意向に反して、武田の遺臣を隠した家康の真意はよくわからない。

依田信蕃は、本能寺の変後、家康の下で働き、信州佐久地方の平定などに実績を挙げたが、そこで弟とともに戦死した。長男も後に不慮の事件で死に、三万石もらった次男も関ヶ原の前に事件を起こして除封された。子孫は越前松平家の家臣となり、信蕃とともに戦死した弟の系統が幕臣として続いたようである。依田と同様、家康のすすめで身を潜めて助かった三枝虎吉も、本能寺の変後は家康に従い、家康が北条家と争って甲斐を切り取るに当たって、息子たちとともに働いた。子孫は、旗本として続いている。

真田昌幸などは、いち早く信長から本領安堵《あんど》を取り付けたが、本能寺の変後は、いったん北条家に属した。これは一時の時間かせぎだったようで、やがて徳川家に乗り換えた。しかし、領土問題で衝突して袂を分かち、上杉家に属したり、秀吉の後援を得ようとしたりした。こういう行動が昌幸の非難されるところなのだが、なんとか諸侯の列にいたいという点では首尾一貫している。再チャレンジの道もさまざまであった。

戦乱が続いている限り、〈負け組〉の選択の幅は、まだまだ広かった。しかし、天下が統一の方向に向かってくると、状況は少なからず変わってきたようである。混乱に乗じて帰属を替えながら再起を図るといった方法は成り立ち難くなってくる。まして、天下の大勢に逆らってでも、一か八かやってみるといったやり方では成功は望めない。成功するためには、その時点での最高権力者にすり寄って忠誠を尽くしたり、人間関係などを利用して取り入ったりする以外には、まず方法はないのである。

たとえば、秀吉に改易された神子田正治《みこだまさはる》、尾藤知宣《びとうとものぶ》、仙石《せんごく》秀久らは、いずれも秀吉に帰参を懇願した。成功したのは仙石だけであるが、誰も秀吉と戦おうなどとはしていない。関ヶ原のとき改易され、徳川大名として復帰できた家にしても同様である。ひたすら、家康に恭順の態度を示すとか、人脈をたどって口をきいてもらうとか、大坂の陣などで忠誠を励むとか、そういった方向での努力を払った末の復活であった。

戦国最後の再チャレンジ

再チャレンジが成功した例はいくつかあるが、成功しなかった例のほうが、ずっと多かったに違いない。ただ、そういう話は、成功した話にくらべれば、もともと伝わり難い。ことに表から見えるような実践行動に至らないまま終わった場合は、なおさらである。

大規模な再チャレンジの試みが不成功に終わった典型的な事例としては、先に触れた大坂の陣がある。慶長《けいちょう》十九年（一六一四）、東西対決が避けられないとなると、城方には諸国から〈負け組〉が続々と集ってきた。

この年行われた冬の陣と翌年の夏の陣において、もっとも活躍した部将といえば、真田幸村（信繁）、後藤基次《ごとうもとつぐ》、長宗我部盛親、毛利勝永（吉政）、明石全登《あかしてるずみ》あたりに指を屈することになろうが、彼らはすべて〈負け組〉であった。しかも、後藤を除けば、いずれも関ヶ原の〈負け組〉であるが、関ヶ原の〈負け組〉は、このほかにも大勢いる。

真田幸村は、父の昌幸に従って戦ったもので、彼自身は独立の大名だったわけではない。長宗我部は土佐一国を領した身、毛利は中国の毛利とは別系統で秀吉によって取り立てられた家である。六万石の吉成、一万石の勝永の父子は、ともに西軍に加担して没落した。明石は、備前《びぜん》宇喜多家の重臣で、関ヶ原の本戦では同家の実質的な指揮官であった。彼は、当時禁圧されていたキリスト教徒であったから、その意味でも疎外されていた。入城に当たって、勝利の暁には布教を認めてもらうという条件を付けていたという。

後藤基次は、関ヶ原の〈勝ち組〉である黒田家の重臣だったが、主人の黒田長政と衝突して飛び出した人間である。こうした例はほかにもあって、夏の陣で戦死した塙団右衛門《ばんだんえもん》（直之）なども、その一人である。東軍・加藤嘉明の家臣だったが、関ヶ原のときの軍令違反がもとで喧嘩《けんか》別れし、その後の仕官も加藤家の干渉などでうまくゆかず、大坂に入城した。真田幸村はもちろんだが、後藤も塙も戦前の講談の世界では、大立者《おおだてもの》だった。

関ヶ原の後、徳川家によって改易された大名の家臣で入城した者もいる。筒井順慶《じゅんけい》の養子で伊賀《いが》を領していた定次は、慶長十三年（一六〇八）、家中の取り締まりが悪いというので改易されたが、旧臣の相当数が大坂方に加わった。そのため、すでに籠居させられていた定次も疑われ、腹を切らされる始末となった。

駿河府中《するがふちゅう》の城主だった中村忠一は、豊臣大名でありながら、関ヶ原では東軍に加担して無事だったが、慶長十四年に無嗣断絶《むしだんぜつ》となった。実は、妾腹の子がいたのだが、家中に異論があったりして、立てることができなかったらしい。旧臣の矢野和泉守（正倫）は、城方が勝利したら、その子を取り立ててもらうという条件で入城した。彼は、冬の陣で今福《いまふく》堤を守って奮闘したが、そこで戦死している。

このほか大坂方には、実家ともめて追い出されたり、飛び出したりした者なども加わっている。これも一種の〈負け組〉であろう。仙石宗範《むねのり》（宗也斎）は、信濃小諸六万石の秀久の次男だが、兄が病弱だったから、本来なら家を継ぐべき立場だった。ところが、なぜか廃嫡されてしまい、城方に参加したのである。

細川興秋《おきあき》は、豊前《ぶぜん》の大大名となった忠興の息子で、母親は例のガラシァ夫人である。関ヶ原では父に従って戦功があったが、その後、江戸へ人質にやられることになったとき脱走し、豊臣秀頼に仕えて籠城に加わったという。落城後、自殺したともいうし、実家に捕まって首を切られたともいわれている。仙石宗範についても、実家の者に見つけ出されて自殺したという説があるが、実際には行方をくらましてしまったらしい。

籠城組には、紀州の根来衆・雑賀《さいか》衆の残党のような〈負け組〉もいる。自前の人数を引き連れてきた者もいれば、「一挺鑓《いっちょうやり》」などといわれる単身入城者もいた。一方、紀州の旧国人・地侍たちは、冬の陣のときには熊野地方で蜂起し、夏の陣のときには、紀北・中紀の不平党が浅野家の和歌山城を奪い取る計画を立てたりした。いずれも失敗に終わったが、主導者の中には、新国主・浅野家のもとで、なにがしかの知行を得ていた者もいた。

大坂の陣に再起を賭けた者は、城方にばかりいたわけではない。木下利房は、関ヶ原のとき西軍に加わって処刑されるところだったが、叔母が秀吉の正妻ねねであった関係で、除封だけで済んだ。冬の陣が始まると率先して東軍に従軍し、夏の陣のときには京都で叔母の守護に当たったという。そういうことで家康の機嫌も直ったのか、父の家定の遺領のうちから二万五千石を与えられた。そのまま家は無事に続いているが、利房の息子の利当《としまさ》は、神技といわれるほどの槍の名手で、淡路《あわじ》流槍術の流祖となっている。

織田信雄も、関ヶ原の後は浪人して大坂にいたが、大坂の陣が始まると京都に立ち退き、大坂方に加わらないことを表明したので、家康は「大入道きどく（奇特）じゃよ」といって、戦後、所領を与え、大名に復帰させたと「古老茶話」にある。信雄の名前には、まだ多少の利用価値があったろうから、城方を利したくなかったのだろう。家康の側近の誰かが書いたという「駿府記」は、家康に内通したので、知行を与えたようにいっている。

このほか東軍には、諸侯との縁を頼って、戦闘に〈自主参加〉したような者がいくらもいる。当時の言葉で「陣借り」というが、成功したかどうかはともかく、そうした形で再チャレンジを図った〈負け組〉も多かったのである。

もしも……で歴史を語っても始まらないが、夏の陣で城方の奮闘が功を奏して家康父子が討ち取られるようなこともありえなかったわけではない。そうなっていたら、〈勝ち組〉

〈負け組〉の大規模な入れ替えが行われたことは間違いない。真田、長宗我部、毛利ら関ヶ原の〈負け組〉は、いずれも旧領を回復したり、大封を得たりしたに違いないし、それ以外の〈負け組〉も、それぞれ恩賞にあずかったであろう。細川興秋や仙石宗範などは、当主の座に就くことになったかもしれない。

一方、敗れた東軍のほうでは、徳川一門や譜代の者たちは殲滅《せんめつ》されてしまっただろうが、外様大名の行方は、けっこう複雑だっただろう。開戦前に豊臣家の使者を切り捨てて徳川家にオベッカを使ってみせた浅野家や、秀吉の死後、家康べったりだった藤堂《とうどう》家などは、改易─処刑となったに違いない。逆に、城方にこっそり人数や軍資金を送っていた毛利家などは、関ヶ原で失った旧領を取り戻したことであろう。

ひそかに豊臣方を応援しようという動きは、加藤清正の息子の家にもあったといわれるし、関ヶ原で主家に背く形となった福島正則も、兵糧を贈ったりしている。加賀《かが》の前田家なども、けっこう怪しい動きがあったから、たちまち豊臣方に転じて、徳川の残党を掃討したりしていたかもしれない。こうした家は、少なくとも無事だったろうし、島津家なども、諸般の状況を考えると、関ヶ原のときと同様安泰だった可能性が高い。

エピローグ——武家政治の終焉と勝敗の決算

最後まで残れた〈勝ち組〉大名

江戸時代の統治機構は、徳川家の立てた幕府とこれに従う諸藩の組合せで成り立っていたので、幕藩体制《ばくはんたいせい》と呼ばれている。これらの藩の主が徳川大名というものである。その範囲は、当初は必ずしも明確ではなかったが、寛永《かんえい》年間（一六二四〜四四）に入って、徳川将軍家から一万石以上の封地を与えられたものを指して、諸侯（大名）とする扱いが定まった。一万石以上であるから、最低は一万石ちょうどということになる。

その数については、俗に「三百諸侯」などといわれているが、明治四年（一八七一）の廃藩置県《はいはんちけん》の直前で二百八十家ほどであった。これが最終的な〈勝ち組〉大名であったといえるが、この中には、慶長《けいちょう》八年（一六〇三）の徳川幕府成立以降に取り立てられて大名となったものも多数含まれている。また、慶応《けいおう》三年（一八六七）、徳川家が大政奉還《たいせいほうかん》をした後に藩を立てた家も何家か含まれている。

一方、幕府成立以降、大政奉還までの間に諸侯の座を失った家も、二百四十家余りある。それらの中には、徳川家によって大名に取り立てられた家も相当数含まれているが、関ヶ原でなんとか〈勝ち組〉となりながら、新しい時代に入って潰れてしまったものも少なくない。古い家では、すでに触れた出羽《でわ》の最上《もがみ》家、安房《あわ》の里見《さとみ》家などもそうであるし、豊臣秀吉子飼いの加藤清正、福島正則の家などもそれである。

逆に、関ヶ原でいったん〈負け組〉となりながら、その後、大名に復活できた家も何家かあったことは、前の章で触れたとおりである。それらの中には、滝川雄利《たきがわかつとし》（伊勢で二万石）や蒔田《まいた》広定（同一万石）の家のように、いったん改易されたものの間もなく大名として復活し、後に事情があって、旗本になったようなややこしい例もある。もっとも、蒔田家の場合には、幕末に石直《こくなお》しがあって、また大名となっている。

滝川家、蒔田家に限らず、かつて大名でありながら、幕臣となって家名を存続させた家は数多くある。最上家、福島家なども、大名としては失脚したが、旗本として続いている。だが、こうした家々についても消長はあって、美濃《みの》の守護・土岐《とき》家の子孫などは、二家に分かれてともに高家《こうけ》であったが、嫡家のほうは不行跡が原因で断絶している。

太平の時代でも、家を維持してゆくのは大変だったことがわかるが、徳川政権の下で生き残った家も、慶応三年、幕府の消滅という事態を迎えることになる。もっとも、それは正確にいえば、徳川宗家の幕府が消滅したというまでであって、別の家が新たな幕府を創設する可能性は、十分残されていた。もちろん、ここで武家政治が終わることを意味してもいなかった。結果的に、そうなってしまったというまでの話である。

関ヶ原の再現となるはずだった明治維新

明治維新といえば、徳川家による大政奉還—王政復古の大号令—明治新政府の成立という形で説明される。たしかに、現実の歴史は、そのように動いたが、たまたま、そうなったということであって、初めから予期されていたことではない。もちろん、それだけが唯一絶対のあるべきコースだったなどということではない。

上にいったように、大政奉還というのは、徳川宗家による幕府をやめるというだけのものであった。徳川一門でも、尾張《おわり》家や紀州家は、もともと宗家と同格と考えていたのだから、彼らが幕府を起こしても不思議はない。外様大名にしても、島津、毛利、伊達《だて》、佐竹、上杉などの諸家は、元来、徳川家と同格か、それ以上の家だったのだから、征夷大将軍《せいいたいしょうぐん》になるべく手を挙げたところで、おかしいことはない。それを考えても、大政奉還=武家政治の終焉というのは、まったくの偶然の結果でしかないことは明らかであろう。

大政奉還というのは、松浦玲《まつうられい》氏もいうように、本来、武家の間で政権をどうするかという問題だったのであって、朝廷や天皇など出る幕のないはずのものであった。ところが、反徳川側が政略として天皇をかつぎ出してしまったために、わかりの悪いものとなってしまったのである。しかも、その結果、かついだ当人たちも予期していなかった武家政治の終焉、武士団の解体というところまでいってしまったのだから世話はない。

明治維新の本質が、徳川家と反徳川の立場に立つ大名との争覇であることは、当時の人たちにもよくわかっていた。仙台藩士の上遠野伊豆《かどおのいず》が慶応四年に起草した建白書には、雄藩は天皇を補佐して忠誠を尽くしたいなどといっているが、それは表向きのことに過ぎないとある。腹の中では自家自国の勢力を拡大して、「将軍職」に就くことを狙っているまでだというのである。

福沢諭吉も、明治二十四年（一八九一）に書いた「瘦我慢《やせがまん》の説」において、「そもそも維新の事は帝室の名義ありといえども、その実は二、三の強藩が徳川に敵したものより外ならず」と断じている。別の箇所では、徳川家側も表面上は官軍に手向かってはいけないとかなんとかいいながら、実は、幕下である二、三の強藩と戦うだけの勇気がなく、勝敗を試みることもなしに降参してしまったのだといっている。

上総《かず》請西《さじょうざい》藩主で、佐幕派として戦った林忠崇《はやしただたか》は、戊辰《ぼしん》戦争で自ら銃を手にして戦闘に加わった、おそらく唯一の殿様である。彼は昭和十六年（一九四一）まで長命したが、晩年、郷土史家の質問に答えて、日本人で天皇陛下に不忠の者などありはしない、すべての争いは天皇に対するものではなく、臣下相互の間で行われるものだといっている。

これだけだと忠君愛国思想の表明のようだが、それに続けて、早く天皇に接したほうが政略上官軍と称し、相手方を賊軍というだけのことだといい、勤王佐幕《きんのうさばく》の争いなどといったところで、今日でいえば、政友会と民政党の対立のようなものさと片付けている。双方同じレベルで政権を争うべきところへ、超然としていなければならない立場の天皇を、一方が引き出してきたから、面倒なことになってしまったのである。

そういうことがなければ、明治維新は第二の関ヶ原となって、〈勝ち組〉〈負け組〉の大がかりな再整理が行われたはずであった。維新の過程と関ヶ原の過程にもよく似たところがある。たとえば、慶長五年（一六〇〇）九月の関ヶ原本戦に匹敵するものとして、慶応四年正月の鳥羽《とば》・伏見《ふしみ》の戦いがある。この戦いで旧幕府軍が勝利していたら、幕府という衣装を脱いだ別の形で、前将軍・徳川慶喜《よしのぶ》を首班とする政権が生まれたであろう。

いずれの戦いも裏切りで決まったところも共通である。関ヶ原では、小早川《こばやかわ》秀秋らが不意に背後から味方を襲ったことと吉川《きっかわ》広家らが不戦観望に終始したことが、勝敗の鍵となった。鳥羽・伏見では、旧幕府軍が反撃の拠点にしようとした淀《よど》城の使用を城主である譜代の稲葉家が拒絶したこと、譜代以上に信頼されていた津藩藤堂《つとうどう》家が背後から味方に砲撃を浴びせたことが旧幕府軍を崩壊させた。

戦いの後、大坂城に拠って一戦しようという有力な選択肢があったことも共通である。関ヶ原の場合には、名目上の総大将である毛利輝元が退城してしまったが、城そのものは豊臣家の手に残った。鳥羽・伏見の場合には、名実ともに総帥《そうすい》である徳川慶喜が、部下を放り出して逃げ出してしまい、大坂城も敵の手に落ちた。

関ヶ原のときには、秀吉があらかじめ家康の西上にそなえて、東海道筋に配置しておいた福島正則、山内一豊《やまうちかつとよ》ら子飼いの連中がことごとく背いた。美濃関ヶ原で本戦が戦われることとなったのも、そのためである。鳥羽・伏見の後は、家康が反徳川勢力の東下にそなえて置いていた一門、譜代がすべて西軍に加担した。御三家筆頭ともいうべき尾張徳川家なども例外ではない。それで西軍は易々と江戸に迫ることができた。

それでも旧幕府側では、その後奥羽越列藩同盟《おううえつれつぱんどうめい》といったものが結成されて、戊辰戦争が戦われたり、その延長ともいうべき箱館（函館）戦争などもあった。北越戦線などでは、新政府側が危うくなる場面もあって、関ヶ原の後、大坂夏の陣で東軍が敗北しそうになったことと似ているが、結局、逆転はならなかった。

関ヶ原と明治維新の違いは、決着が曖昧《あいまい》に終わったことである。たしかに、維新においても〈勝ち組〉〈負け組〉は生まれた。戊辰戦争で敗れた諸藩などは、ひどい目にあっている。会津藩の場合には、藩主が禁固され、いったん領地を収公されている。しかし、息子に家名相続を許すということで、翌年、わずかながら領地を与えられてもいる。

最大の朝敵と目された会津がこの程度であるから、他は、せいぜい藩主は謹慎にとどまり、減封されて息子が家名を継ぐといった程度で終わっている。完全に除封されたのは、林忠崇の上総請西藩だけである。もともと一万石の極小藩であるから、減封というわけにもいかなかったのかもしれない。

関ヶ原では、多くの処刑者を出したが、もっともにらまれていた会津藩主ですら禁固にとどまったのだから、維新では、そんな例はない。林忠崇などは、処刑される覚悟で辞世の歌まで用意したが、結局、他家に預けられただけで済んだ。彼を除いては、戦闘に加わった者もいないから、戦死者ももちろんいない。ただ、身代わりとなった形で、重臣たちが処刑された例はあるし、そのクラスでは多くの戦死者、自殺者も出ている。

明治二年（一八六九）六月、新政府は、公卿・大名の呼称をやめて華族と呼ぶこととした。これは単に族籍の呼び方というまでだったが、明治十七年（一八八四）七月、華族令が制定されると、諸侯だった者には、公・侯・伯・子・男いずれかの爵位が与えられ、礼遇を受けることとなった。維新の〈負け組〉も例外ではなく、林忠崇の家も、後にではあるが当主である弟が男爵となり、忠崇も従五位の「無爵《むしゃく》華族」ということになった。

戦国〈負け組〉と明治維新

明治維新は、関ヶ原の〈負け組〉の報復だったという見方がある。反幕勢力の主軸に長州、薩摩《さつま》の二藩がいたからである。長州藩毛利家は、関ヶ原の後、本家の毛利輝元が百二十万石から三十六万九千石とされ、転封されて本国の安芸《あき》も失った。さらに支家では、毛利秀包《ひでかね》は改易、毛利秀元と吉川広家は、ともに減封かつ転封とされた。それでも、はた目から見れば立派な諸侯なのだが、当事者は敗者意識を持ち続けたことだろう。

これに対し、薩摩の島津家の場合は、本領も安堵《あんど》されているし、一時は徳川家ともかなり親密であった。十一代将軍・家斉の正妻、十三代将軍家定の後妻は、この家から送り込まれている。これで本当に敗者感情があったものか疑問になるし、反幕府の姿勢を鮮明にしたのも、かなり後になってからである。しかし、家中には関ヶ原敗戦の屈辱を忘れないための行事などもあったようだから、それなりの底流はあったのだろう。

面白いのは、薩長土といわれて、薩摩・長州とともに、倒幕御三家のようにはやされた土佐《とさ》藩山内家の場合である。この家は、関ヶ原で大儲けして土佐に入部した。そこには前国主・長宗我部《ちょうそかべ》家の遺臣が大勢いたが、山内家は彼らを上士に取り立てることはほとんどせず、下士や郷士とした。彼らは屈辱的な扱いを受けることが多く、自然、反幕府感情が醸成されて土佐勤王党が生まれ、やがて藩論を主導するようになったのである。長宗我部遺臣の末裔たちにとっては、明治維新はまぎれもなく関ヶ原の報復であっただろう。

関ヶ原の〈負け組〉は、反幕府側にだけいたわけではない。奥羽越列藩同盟に加わったのは、徳川譜代の大名や仙台藩伊達家のような〈勝ち組〉外様大名ばかりではなく、米沢《よねざわ》藩上杉家のような関ヶ原の〈負け組〉も入っていた。この家は百二十万石を三十万石に削られたうえ、陸奥《むつ》会津から出羽米沢に移された。江戸時代になってから、相続問題の不手際で、三十万石をさらに十五万石に減らされた。

これでは徳川家に対して、よい感情など抱けるはずもなかったと思うのだが、この家は、新政府に対抗することには、きわめて積極的であった。同じ関ヶ原の〈負け組〉で常陸《ひたち》から出羽秋田に減封かつ転封となった佐竹家が、いったん奥羽越列藩同盟に加わる姿勢を見せながら、離脱して同盟側の諸藩と戦ったのと対照的である。

もっとも、表面の行動は正反対でも、底流にあった〈動機〉には、案外共通するものがあったのかもしれない。上杉家の場合には、新政府軍と戦って勝利すれば、遠祖・上杉謙信の故地である越後《えちご》なども取り戻せ、再び天下に雄飛できるという思惑があったようである。佐竹家の場合には藩論を主導した者たちの間に、新政府側に付くことで〈勝ち組〉となり、往年の威勢を取り戻そうとの気分がなかったとはいえまい。

関ヶ原〈負け組〉としては、二本松藩《にほんまつはん》丹羽《にわ》家も奥羽越列藩同盟に加わっている。落城時に老人や少年までが武器を取り、西軍と死闘を演じたことは、よく知られている。前述したように、この家は、関ヶ原の後、いったん改易され、また大名として復活した。そこに特別な思いがあったのかもしれないが、同様のコースをたどった筑後《ちくご》柳川藩立花家などは、さっさと新政府軍に参加している。置かれていた地理的な条件の相違によるものか、それ以外の理由があったものか、そこまではわからない。

維新を機会に、はからずも大名になれたという家もある。周防岩国《すおういわくに》の吉川家がそれである。この家は、藩祖・広家の関ヶ原の際の行動をめぐって毛利宗家との間に感情のもつれがあり、広家の息子の代からは、諸侯ではなく毛利の家臣という扱いを受けた。もちろん、実質的には大名だったのだが、名目上もそういうことになったのは、大政奉還後のことであった。「岩国藩」は、幕府が消滅した後になって正式に発足したのである。

徳川宗家が御三家に「付家老《つけがろう》」として付属させた尾張の成瀬家、紀州の安藤家・水野家、水戸の中山家なども、幕府消滅後にやっと自前の大名となって立藩した。いずれも徳川譜代として一万石以上与えられていたのだから、〈勝ち組〉中の〈勝ち組〉であるが、江戸時代を通じて陪臣《ばいしん》（大名の家来）として扱われたため、鬱屈《うっくつ》した日々を送らねばならなかった。

そうした感情は、あるいは〈負け組〉の吉川家などより強かったかもしれない。「石直し」つまり検地のやり直しによって、この時期に諸侯の列に滑り込んだ家も何家かあった。前に挙げた蒔田家もそうだが、賤ヶ岳《しずがたけ》七本槍の一人・平野長恭の子孫であるとか、山名《やまな》豊国の系統である但馬《たじま》山名家、常陸の本堂家なども、その例である。

これらの家々は、明治四年（一八七一）の廃藩置県まで、つかの間の〈大名気分〉を味わうことができたが、大政奉還—王政復古の過程をなんとかクリアーしながら、廃藩置県を待たずに消滅してしまった藩もいくつかある。それらのうち、長門《ながと》毛利家の支藩・徳山藩、安芸浅野家の支藩・広島新田藩などは、本藩に吸収されたものであるが、河内狭山《かわちさやま》藩北条家などは、財政がもたないといって、早々に版籍を奉還してしまった。

この家は、小田原北条家の末裔で、藩祖は北条氏政の弟・氏規《うじのり》である。氏政は、天正《てんしょう》十八年（一五九〇）、豊臣秀吉と戦って敗れ、二百万石を越えると見られる領土を失った。小田原の落城によって、秀吉の全国統一は完成した。これに対し、一万石の狭山北条家は、廃藩置県による明治維新の完成を待たずに白旗を掲げ、〈落城〉してしまったのである。

あとがき

戦国時代の敗者というものに、以前から関心を抱いていた。理由はいろいろあるが、わが家のご先祖さまが、まぎれもない敗者の一員だったということも大きい。子孫の私も〈負け組〉だが、考えてみると、四百年余り前に故地を追い出されて以来、一度も勝ったことがないのだから、血は争えないということかもしれない。

古いことはわからないが、戦国時代のわが家は、本書の中でも取り上げた紀州雑賀衆の一員だった。織田信長・豊臣秀吉という二人の天下人と争ったあげく、秀吉の紀州攻めでやられて、故郷を追い出された。関ヶ原では西軍に属して敗れ、大坂の陣では、再チャレンジのつもりか、破れかぶれかはしらないが、城方に加わったため、完全な敗者となった。

それでも、大坂浪人詮議のほとぼりが冷めた頃、なんとか福岡藩黒田家にもぐり込んだ。士分とはいっても、かなり低いところからの出発だったが、何代か後には江戸留守居役の筆頭に座ったりしているから、ご先祖さまも、それなりにうまく立ち回ったらしい。

そのまま封建の世が続けばよかったが、明治維新で福岡藩そのものが危ないことになった。この藩は独自の思惑で行動していたため、危うくバスに乗り遅れて〈賊軍〉とされるところだったのである。なんとか、ぎりぎりのところで飛び乗ったが、席はすべてふさがっている。旧福岡藩士で反政府行動に走る者が多かったのは、そういうことと関係しているらしい。わが家の一族縁者の中にも、そんな連中が大勢いたそうだ。

ということで、明治後も官途に就いて栄達した者もなく、実業で成功した者もなく、敗者の影を引きずっていたが、末裔の私となると、なんともひどいことになった。大学を出ても就職口がないのだ。正確にいうと、簡単に就職試験も受けさせてもらえなかった。父親がいないとか、家に資産がないとかいうのが、その理由である。今の若い人に話しても、なかなか信用してもらえないが、求人の条件に「家庭環境健全なる者」「家に資産ある者」などということが堂々と記されていたような時代があったのである。

大学を通じて公募することなどなく、コネのない者は受験させないという会社も多かったし、とにかく受験の機会を与えてもらうだけで、大変なことだった。一般公募をうたいながら、実際にはコネ次第という会社も少なくなくて、私も何回か引っかけられた。

これでは民間企業は諦めざるをえないから、デモシカといわれようとなんだろうと、公務員になるよりほかはない。どうせ公務員をやっていく以上、上級職試験でそれなりの成績を取ればなんとかなるだろうと考えたが、これは浅はかだった。そうやって採用される資格は得たものの、現実には私立大学出身というところが邪魔になって、容易に採用してもらえないのだ。これは別に憶測やヒガミでいっていることではなく、官庁回りの過程で、先方から何度も聞かされたことである。

父親が死んだのや家に財産がないのは、別に私の責任ではないが、先方の期待されるような大学を出なかったのは、こちらにも一半の責があるかもしれない。それにしても、十八歳のときに、どういう大学に入ったかによって、その後の勝ち負けがほぼ決まってしまうのだから、役人の世界というのは、戦国時代よりも、はるかにきびしいところがある。

私的な話ばかりお聞かせしてしまったが、私が戦国時代の敗者について考えたのは、それなりに背景のあることで、一朝一夕のことではないということを申し上げたかったまでである。という次第であるから、出発点は多分に私的感情に発しているには違いないが、別に先祖代々、今にまで至る〈私怨〉を晴らすために書いたわけではない。したがって、事実を曲げたり、都合のよい事実だけを取り上げたりするようなことはしていない。もし、誤りがあったら、それは私の不注意、不勉強によるものである。

事実の解釈や評価という点になると、そこに私自身の判断が入るのはやむをえない。お前のような見方には、賛成できないという方もおられるだろう。しかし、その場合でも、

〈私怨〉を晴らすための論を立てたりはしていない。私なりに、客観的に考えたことであって、一方的、主観的にいっているわけではないことは、ご理解いただきたい。

戦国時代の敗者を論ずるとなると、どうしても今日の〈勝ち組〉〈負け組〉論議と関係づけて考えたくなるが、私は、そうしたこともしていない。むしろ、今日風の考え方は、戦国の勝者・敗者には通用しないということを再三申し上げている。その逆も然りで、戦国時代の感覚で現代の事象を説明できるものではない。

実は、戦国の敗者についてまとめてはどうかという提案は、平凡社編集部の土居秀夫さんからいただいたものである。私のほうには、冒頭から述べているような下地があったので、即座にお引き受けした。土居さんとは、『刀と首取り』以来、『戦国15大合戦の真相』『戦国鉄砲・傭兵隊』に続く、四回目のお付き合いになる。毎度、ご面倒をおかけしているが、今回ももちろん例外ではない。改めて、お礼を申し上げておきたい。

平成十九年六月

鈴木眞哉

略年表

応仁元年（一四六七）	応仁の乱始まる。
文明九年（一四七七）	応仁の乱終わる。
長享二年（一四八八）	一向一揆、加賀を掌握。
明応二年（一四九三）	北条早雲（伊勢宗瑞）、伊豆を奪う。
天文二十年（一五五一）	陶晴賢の反乱、大内義隆自殺。
永禄三年（一五六〇）	桶狭間の戦い、今川義元戦死。
永禄七年（一五六四）	三好長慶死し、遺臣らが政権を継ぐ。
永禄十一年（一五六八）	織田信長、足利義昭を擁して上洛（足利幕府再興）。
永禄十二年（一五六九）	今川氏真、領国を失う。
元亀元年（一五七〇）	織田信長と本願寺の抗争（石山合戦）始まる。
元亀二年（一五七一）	比叡山焼き討ち。
元亀三年（一五七二）	三方原の戦い。
天正元年（一五七三）	武田信玄死去。足利義昭、追放される。浅井・朝倉両家滅亡。
天正三年（一五七五）	長篠の戦い。
天正五年（一五七七）	松永久秀滅亡。

天正六年（一五七八）　上杉謙信死去。大友宗麟、耳川で大敗。
天正八年（一五八〇）　別所家滅亡。石山合戦終わる。
天正十年（一五八二）　武田家滅亡。本能寺の変・山崎の戦い。
天正十一年（一五八三）　賤ヶ岳の戦い、柴田勝家・織田信孝自殺。
天正十二年（一五八四）　龍造寺隆信戦死。小牧の戦い。
天正十三年（一五八五）　紀州攻め。四国攻め。
天正十五年（一五八七）　九州攻め。
天正十八年（一五九〇）　小田原攻め。豊臣秀吉の天下一統成る。
慶長五年（一六〇〇）　関ヶ原の戦い。
慶長八年（一六〇三）　徳川家康、江戸に幕府を開く。
慶長十九年（一六一四）　大坂冬の陣。
元和元年（一六一五）　大坂夏の陣、豊臣家滅亡する。
慶応三年（一八六七）　徳川慶喜、大政を奉還する。
慶応四年（一八六八）　鳥羽・伏見の戦い。戊辰戦争。
明治四年（一八七一）　廃藩置県。

参考文献

一般図書
会田雄次『敗者の条件』（中公新書　昭和四〇年）
熱田公『天下一統』（「日本の歴史」一一　集英社　平成四年）
磯貝正義『定本・武田信玄』（新人物往来社　昭和五二年）
伊東多三郎『幕藩体制』（清水弘文堂書房　昭和四四年）
今井林太郎『石田三成』（吉川弘文館　昭和三六年）
今谷明『戦国三好一族』（新人物往来社　昭和六〇年）
上野晴朗『定本・武田勝頼』（新人物往来社　昭和五三年）
上原芳太郎『本願寺法難史』（東学社　昭和九年）
小和田哲男『明智光秀』（ＰＨＰ新書　平成一〇年）
同『駿河今川一族』（新人物往来社　昭和五八年）
同『山内一豊』（ＰＨＰ新書　平成一七年）
岡谷繁実『名将言行録』（岩波文庫　昭和一八年）
奥野高広『足利義昭』（吉川弘文館　昭和三五年）
同『織田信長文書の研究』（吉川弘文館　昭和四四年～）

同『戦国大名』(塙書房　昭和三五年)
同『武田信玄』(吉川弘文館　昭和三四年)
鴨川達夫『武田信玄と勝頼』(岩波新書　平成一九年)
川副博『龍造寺隆信』(人物往来社　昭和四二年)
黒田基樹『百姓から見た戦国大名』(ちくま新書　平成一八年)
桑田忠親編『足利将軍列伝』(秋田書店　昭和五〇年)
小島広次『今川義元』(人物往来社　昭和四一年)
小林計一郎『真田幸村』(新人物往来社　昭和五四年)
笹本正治『戦国大名の日常生活――信虎・信玄・勝頼』(講談社選書メチエ　平成一二年)
スコット・A・サンデージ『「負け組」のアメリカ史』(鈴木淑美訳　青土社　平成一九年)
水藤真『朝倉義景』(吉川弘文館　昭和五六年)
鈴木眞哉『戦国15大合戦の真相』(平凡社新書　平成一五年)
同『天下人史観を疑う』(洋泉社新書y　平成一四年)
同『天下人の条件』(洋泉社　平成一〇年)
鈴木眞哉・藤本正行『信長は謀略で殺されたのか』(洋泉社新書y　平成一八年)
千野原靖方『関東戦国史』(崙書房出版　平成一八年)
曽根勇二『片桐且元』(吉川弘文館　平成一三年)
高瀬羽皐『名将・武田信玄』(嵩山房　大正二年)
高柳光寿『明智光秀』(吉川弘文館　昭和三三年)

同『賤ヶ岳の戦』（春秋社　昭和三三年）
同『戦国の人々』（春秋社　昭和四五年）
同『本能寺の変・山崎の戦』（春秋社　昭和三三年）
同『三方原の戦』（春秋社　昭和三三年）
バーバラ・W・タックマン『愚行の世界史』（大社淑子訳　朝日新聞社　昭和六二年）
田中義成『足利時代史』（講談社学術文庫　昭和五一年）
同『織田時代史』（講談社学術文庫　昭和五五年）
同『豊臣時代史』（講談社学術文庫　昭和五五年）
徳富蘇峰『近世日本国民史――織田信長』（講談社学術文庫　昭和五五～五六年）
同『近世日本国民史――豊臣秀吉』（講談社学術文庫　昭和五六年）
同『近世日本国民史――徳川家康』（講談社学術文庫　昭和五六～五七年）
外山幹夫『大友宗麟』（吉川弘文館　昭和五〇年）
内藤湖南『日本文化史研究』（講談社学術文庫　昭和五一年）
長江正一『三好長慶』（吉川弘文館　昭和四三年）
福尾猛市郎『大内義隆』（吉川弘文館　昭和三四年）
福沢諭吉『明治十年丁丑公論・瘦我慢の説』（講談社学術文庫　昭和六〇年）
藤井尚夫『フィールドワーク関ヶ原合戦』（朝日新聞社　平成一二年）
藤本正行『信長の戦争』（講談社学術文庫　平成一五年）
ルイス・フロイス『日本史』（松田毅一・川崎桃太訳　中央公論社　昭和五三年）

イザヤ・ベンダサン『日本人とユダヤ人』(角川文庫　昭和四六年)
星亮一『奥羽越列藩同盟』(中公新書　平成七年)
松浦玲『徳川慶喜・増補版』(中公新書　平成九年)
三池純正『真説・智謀の一族　真田三代』(洋泉社新書y　平成一八年)
米原正義『出雲　尼子一族』(新人物往来社　昭和五六年)
陸軍参謀本部編『日本戦史――大坂役』(明治三〇年)
同『日本戦史――九州役』(明治四四年)
同『日本戦史――関原役』(明治二六年)
同『日本戦史――朝鮮役』(大正一三年)
和田英松『新訂官職要解』(講談社学術文庫　昭和五八年)
渡辺世祐『安土時代史』(学芸図書　昭和三一年)
同『日本中世史の研究』(六盟館　昭和二一年)

古典籍、古記録その他の資料

「浅野考譜」「足利季世記」「井伊年譜」『一話一言』『陰徳太平記』「宇野主水日記」「落穂集」「恩栄録」『改正三河後風土記』『寛永諸家系図伝』『寛政重修諸家譜』『紀伊続風土記』「紀伊国旧家地士覚書」「紀伊国地士由緒書抜」「仰応貴録」「九鬼四郎兵衛働之覚」「(板坂卜斎) 慶長記」「慶長小説」「芸藩志拾遺」「顕如上人御書札案留」『甲陽軍鑑』「古老茶話」「薩藩旧記」「実悟記拾遺」『新東鑑』『人国記』『(小瀬甫庵) 信長記』『信長公記』「駿府記」「勢州軍記」「祖父物語」『太閤記』「長元物語」「長宗我部元親記」「土屋知貞私

記」「桃源遺事」「当代記」『徳川実紀』「豊鑑」「南海治乱記」「南紀士姓旧事記」「廃絶録」『藩翰譜』「飛驒国治乱記」「秀吉事記」「平尾氏箚記」『（山鹿素行）武家事紀』「武功雑記」『武徳編年集成』「細川両家記」「真鍋真入斎書付」「三河物語」「昔阿波物語」「老人雑話」

事典、年表など

阿部猛・西村圭子編『戦国人名事典』（新人物往来社　昭和六二年）
児玉幸多・北島正元監修『藩史総覧』（新人物往来社　昭和五二年）
小西四郎・児玉幸多・竹内理三監修『日本史総覧　コンパクト版』（新人物往来社　昭和六二年）
高柳光寿・松平年一『戦国人名辞典　増訂版』（吉川弘文館　昭和四八年）
谷口克広『織田信長家臣人名辞典』（吉川弘文館　平成七年）
豊田武監修『総合国史研究要覧』（歴史図書社　昭和四五年）
日置昌一『国史大年表』（平凡社　昭和一〇年）
峰岸純夫・片桐昭彦編『戦国武将・合戦事典』（吉川弘文館　平成一七年）

資料集など

『イエズス会日本年報』（雄松堂書店刊）
『吉川家文書』（東京大学史料編纂所）
『小早川家文書』（東京大学史料編纂所）
『大日本史料　第七編〜第一二編』（東京大学史料編纂所）

『南紀徳川史』（堀内信編）
『毛利家文書』（東京大学史料編纂所）
『耶蘇会士日本通信』（雄松堂書店刊）

雑誌論文など

蒲生眞紗雄「近世大名として生き残った戦国名門大名家」（『別冊歴史読本』第三五号　平成九年一一月）
久保田正志「兵農分離に関する一考察――織田氏の場合」（『軍事史学』第一三四号　平成一〇年九月）
鈴木眞哉「石田三成」（『決戦関ヶ原』学研・歴史群像シリーズ　平成一二年一月）
同「負の遺産を継承した勝頼の悲劇」（『闘神・武田信玄』学研・新歴史群像シリーズ　平成一八年一一月）
長坂邨太郎「林昌之助翁に就て」（『安思我里』昭和一四年一月）

【著者】

鈴木眞哉（すずき　まさや）

1936年横浜市生まれ。中央大学法学部卒業。防衛庁、神奈川県等に勤務し、在職中から歴史、伝記などの研究を続ける。主な著書に、『紀州雑賀衆 鈴木一族』（新人物往来社）、『鉄砲と日本人』（ちくま学芸文庫）、『刀と首取り』『戦国15大合戦の真相』『戦国鉄砲・傭兵隊』（以上、平凡社新書）、『謎とき日本合戦史』（講談社現代新書）、『鉄砲隊と騎馬軍団』（洋泉社新書y）、『戦国時代の大誤解』（PHP新書）などがある。

平凡社新書391

〈負け組〉の戦国史

発行日——2007年9月10日　初版第1刷

著者——鈴木眞哉

発行者——下中直人

発行所——株式会社平凡社
東京都文京区白山2-29-4　〒112-0001
電話　東京(03)3818-0743［編集］
　　　東京(03)3818-0874［営業］
振替　00180-0-29639

印刷・製本—株式会社東京印書館

装幀——菊地信義

ISBN978-4-582-85391-9
NDC分類番号210.47　新書判(17.2cm)　総ページ248
平凡社ホームページ http://www.heibonsha.co.jp/